Stock Investment Guide

차세대반도체 산업분야
주식투자가이드

㈜ 미티타임즈 편집부

㈜ 비티타임즈

<제목 차례>

1. 주식투자 기초

1. 주식투자 기초

- ## 주식이란 무엇인가

앞서 주식의 용어에 대해서 설명하였지만, 주식 초보자들이 주식이라는 것이 무엇인지 모르는 경우가 많아 한 번 더 설명하도록 하겠다. 쉽게 설명하면 주식은 그 회사의 지분을 뜻한다. 어떠한 한 회사의 주식을 갖고 있다는 말은 그 기업의 지분을 그 비율만큼 소유하고 있다는 뜻이 된다. 주식을 소유한 만큼 그 기업과 동업을 한다는 의미이며 기업이 성장하게 되면 자연스럽게 주식을 소유한 사람의 자산이 늘어나게 된다. 주식을 많이 보유할수록 주주총회에서 발언권이 강해지게 된다.

- ## 주식거래 계좌 개설하는 방법

주식거래 위해서는 주식을 매수·매도 위한 금액을 넣어둘 주식거래 계좌가 필요하다. 이 주식거래 계좌는 어떻게 개설하는지 초보자들은 많은 궁금증을 가지고 있다. 어떻게 주식거래 계좌를 개설하는지 알아보자.

주식거래 계좌는 일반적은 은행에서도 만들 수 있다. 은행에서는 주식투자용 계좌를 개설해달라고 요청하면 쉽게 해준다. 하지만 은행에는 주식 관련 상담원이 없는 경우가 많다. 이렇기 때문에 주식을 자주해본 경험이 없다면 일반적인 은행보다는 증권사를 선택해 증권사에서 주식거래 계좌를 개설하는 것이 좋다. 증권사의 증권계좌를 개설하는 것이 사용법이나 다른 질문의 답변을 빠르게 해주므로 증권사가 좋다. 또한 증권사별로 수수료가 다르므로, 증권사별 수수료도 알아보고 증권사를 선택하는 것이 좋다. 주식거래 계좌를 개설할 증권사를 선택한 후 증권사에 방문하여 주식거래 계좌를 개설하면 된다. 이때 신분증을 지참하여야 한다. 주식거래 계좌 개설 과정은 일반적인 계좌 개설 과정과 크게 다르지 않다. 주식거래 계좌를 개설하게 되면 주식거래용 공인인증서도 함께 발급이 된다. 이렇게 증권사에 방문하여 창구에서 상담원에게 요청하여 주식거래 계좌를 개설하는 방법을 창구개설 방법이라고 한다.

창구개설 방법 이외에 비대면 계좌 개설 방법이 있다. 비대면 계좌 개설은 증권사를 방문하지 않고 주식거래 계좌를 개설하는 방법이다. 비대면 계좌 개설의 방법은 다음과 같다. 먼저 원하는 증권사 홈페이지에 접속하거나 스마트 폰 전용 앱을 다운받아 본인인증 과정을 거친 후, 계좌개설에 필요한 정보를 입력한다. 그리고 안전한 거래를 위해 본인의 신분증을 촬영하여 전송하고 타 금융기관의 본인 명의 계좌에서 소액을 이체하면 계좌가 개설된다. 하지만 비대면 계좌 개설 이후 OTP(One Time Password, 일회용 비밀번호)나 기타 인증서 때문에 증권사를 한 번은 방문해야 한다. 비대면 계좌 개설은 과정이 번거롭고 복잡하여 창구 개설을 하는 경우가 많다.

주식거래 계좌, 즉 증권 계좌를 개설하게 되면 함께 연계 계좌를 만들게 되는데, 이 연계 계좌를 통해서 증권 계좌에 입금을 하고 증권 계좌의 금액을 연계 계좌로 금액을 이체를 할 수 있다. 추가적으로 미성년자의 경우에도 주식거래는 가능하나, 개인 주식거래 계좌는 개설이 불가능하다. 하지만 부모님 또는 후견인과 같은 법정대리인이 함께 방문하여 주식거래 계좌 개설을 하는 것은 가능하다.

● 주식을 사고파는(매수•매도) 방법

주식을 사는 방법은 개설된 증권사에 방문해서 주문하는 방법과 주식 프로그램인 HTS로 주식을 사는 방법이 있다. HTS는 홈 트레이딩 시스템으로, 개인으로 투자하는 사람들이 객장에 나가지 않고 집이나 사무실에서 주식 거래를 할 수 있는 프로그램이다. 이 HTS 프로그램을 이용하여 온라인 주문을 넣어 주식을 살 수 있다. 프로그램 이외에도 최근에는 스마트 폰을 이용하여 증권사별 전용 주식 앱을 다운받아 앱을 통해서 주식을 사고 팔수도 있다.

[그림 2] 키움 증권 HTS 프로그램 '영웅문'

1) 윈도우 10 TH2 홈텍스, 은행, 증권 서비스 사용기. 네이버 포스트. 2017.12

제시된 그림은 키움 증권의 HTS 프로그램인 영웅문이다. 이 프로그램을 통해서 원하는 종목을 현재가격에 대해, 원하는 가격과 수량으로 주문을 할 수 있다. 이때 주식을 주문하기 전에 주문하는 만큼의 금액을 개설 계좌에 입금을 해야만 주문이 된다. 금액 입금은 증권계좌 개설 시 만드는 연계계좌에 입금을 한 다음, 증권계좌로 이동을 시켜서 예수금 확인 후에 거래를 하면 된다. 이러한 방법을 통해서 주식을 살 수가 있다.

　파는 방법도 사는 방법과 마찬가지로 프로그램을 통해 파는 방법이 있다. 먼저 자신이 매수(구매)한 주식만큼, 혹은 매수한 주식의 일부를 팔고 싶은 경우에 판매를 원하는 가격과 수량을 적어서 HTS 프로그램을 이용하여 매도(판매)하면 된다. 이때 팔고자 하는 주식의 판매가격을 순간의 현재가격보다 너무 높은 가격으로 작성하게 되면 거래가 성립되지 않는다.

　또한 주식을 사고파는 행위, 즉 매수와 매도를 하면 그에 따른 수수료가 부가된다. 주식 거래 수수료는 매수와 매도 과정 모두에서 발생하게 되고 매도 과정에서는 세금까지도 부가된다. 쉽게 말해 매수 과정에서는 주식 거래 수수료만 발생하지만, 매도 과정에서는 주식거래 수수료와 약정 대금의 0.3%의 세금이 함께 붙는다. 이 발생하는 수수료와 세금은 매수·매도 양과는 관계없이 매수와 매도를 진행할 때 마다 발생한다. 즉, 매수와 매도를 자주하게 되면 거래 수수료와 세금이 계속해서 부가되는 것이다. 매도 시 발생하게 되는 세금은 약정 대금의 0.3%로 정해져 있으나, 주식거래 수수료는 증권사 별로 조금씩 다르다. 또한 1회 매매에 따른 기본 수수료가 부가되는 증권사도 있다. 수수료 또한 생각하며 증권 계좌를 개설하는 것도 도움이 된다.

- 주식 투자 방법, 어느 종목에 투자해야하는가

　주식은 어느 종목에 투자하느냐에 따라서 수익을 얻을 수 있는 반면, 손해 보는 경우도 있다. 처음 주식을 시작하는 주식 초보자들은 어떻게 투자해야 하는지, 혹은 어느 종목에 투자하는 것이 좋은지 알기 위해 인터넷 검색이나 질문을 이용한다. 인터넷 정보이외에도 지인에게서 정보를 얻는 경우가 많다. 하지만 이러한 방법은 좋은 방법은 아니다. 인터넷을 검색해보면 대부분 자신의 카페나 블로그 유입, 증권 기업의 계좌 개설 홍보 등이 많다. 이러한 것은 주식 투자 방법에 전혀 도움이 되지 않는다. 또한 지인에게서 얻는 정보도 정확하다고 할 수 없다. 왜냐하면 자신의 이익을 챙기기 위해서는 여러 사람을 반대세력으로 이용해야 하므로, 거짓 정보를 줄 수 있기 때문이다. 따라서 주식 투자 방법이나 어느 종목에 투자해야 할지에 대한 답을 인터넷이나 지인을 통해서 얻는 것 보다는 자신이 경험해보고 그 경험을 통해서 답을 찾아내는 것이 가장 효과적인 방법이다.

한편, 어떤 종목에 투자하는 것이 가장 좋은지에 대한 해답은 다음과 같다. 주식투자의 핵심은 저평가된 우량주를 찾는 훈련이며 이 저평가된 우량주에 투자하는 것이라고 할 수 있는데, 저평가된 우량주를 찾아서 투자하여 기업의 가치가 시장에서 제대로 평가 받았을 때 매도하는 것이 가장 바람직하다. 쉽게 말해 발전가능성이 있는 기업을 찾아 초기에 조금의 손해를 보더라도 장기적으로 투자를 하고, 이후 시간이 지나 발전을 하여 기업의 가치가 상승했을 때 주식을 판매하여 이익을 챙기는 것이다.

- 소액으로도 주식을 할 수 있는가

증권시장에서 최저가와 최고가 모두 백 원 단위로 있는 기업도 있기 때문에 소액으로도 주식을 할 수는 있다. 하지만 이런 기업에 투자하여 이득을 보기 위해서는 다소 시간이 소요될 것이다. 예를 들어 100만 원으로 주식을 시작한다고 가정하자. 100만 원이 적은 돈은 아니지만 100만 원으로 주식을 한다고 하면 100만 원이 적은 돈이라고 생각하는 경우가 많다. 이는 주식시장에서 어떤 종목에 투자를 할 것인가에 따라 100만 원의 의미가 달라지게 된다. 우리나라 대기업으로 불리는 삼성이나 LG의 주식은 대부분 만 원 단위이다. 특히 삼성전자의 경우에는 주식이 1주에 200만 원이 넘는 가격으로 거래가 되고 있다. 하지만 꼭 삼성이나 LG와 같은 대기업이라고 해도 그 하위 계열사 중에서는 천원 단위로 거래되는 종목들도 있다.

즉, 쉽게 말하면 소액으로도 주식은 가능하다. 주식에 대해 많은 정보를 얻고 공부를 한 이후에 기업의 주가가 낮은 금액이더라도, 발전 가능성을 보고 투자하게 되면 이익을 얻을 수 있다는 것이다. 주식시장에서는 금액도 중요하지만 그보다 중요한 것이 발전 가능성이 있는 기업이나 떠오르는 품목을 제조하는 기업 등을 찾아 투자하는 것이다. 예를 들어 현재 주가가 크게 뛰어올라 오르락내리락 하고 있는 비트코인이 있다. 2010년에는 비트코인 한 개에 가격이 1달러도 되지 않았는데, 그때 당시 환율로는 1천 원이 되지 않았던 비트코인 하나의 가격이 현재는 수천만 원에 달한다. 이렇게 비트코인의 가격이 오르게 된 원인은 우리나라 뿐 아니라 세계적인 규정과 경제 상황 때문이다.

이처럼 주식을 하고 있을 때 어느 기업이나 품목에 투자를 할 때 여러 가지를 따져가며 투자를 해야 한다. 투자하고자 하는 기업의 상황은 어떠한지, 그와 관련된 정책이나 규정, 세계적인 흐름은 어떠한지도 알고 있다면 큰 도움이 된다. 그러니 소액이라고 해서 주식을 할 수 없는 것은 아니다. 어떤 정보를 가지고 어느 곳에 투자하느냐에 따라서 큰 이익이 될 수도 있기 때문이다. 하지만 소액으로 시작하여 처음 투자한 곳이 대폭 상승하여 처음부터 큰 수익을 얻게 되면 대부분 자신의 실력이 뛰어난 것으로 착각하여 더 큰 돈을 주식시장에 투자하게 된다. 이런 경우에는 차후에 더 큰 손해를 보는 경우가 많으므로 이점을 유의하여야 한다.

- **단기간에 수익을 올릴 수 있는가**

　처음주식을 접하는 사람들은 대부분 자신의 소득에 불만을 가지거나 소득은 일정한데 지출이 늘어나 편하게 소득을 얻고자 하는 사람들이 대부분이다. 일정한 수익 이외에 큰 수익이나 아니면 약간의 수익을 얻어 자신의 생활을 더 풍족하게 하고자하기 위함이다. 이러한 경우의 사람들은 주변의 말을 많이 들어 주식에 빠지면 좋지 않다는 것 정도는 알고 있기 때문에 대부분의 사람들은 3개월 정도 주식시장에 발을 딛고 투자를 진행하여 이익을 챙기고자 한다. 하지만 3개월이든 6개월이든 단기간에 주식을 통해서 이익을 내기는 힘들다.

　앞서 설명한 것과 같이 주식은 저평가된 우량주를 찾아 투자하여, 이 우량주가 주식시장에서 제대로 평가 되었을 때 판매하여 이익을 얻는 것이라고 설명하였다. 단기간에 이익을 내기 위해 초보자가 어떤 방법을 통해서든 저평가된 우량주를 찾았다고 가정해보자. 이러한 우량주는 언제쯤 시장에서 제대로 된 평가를 받을 수 있냐면 3개월, 6개월, 1년이라는 시간이 지나서 제대로 된 평가를 받을 수 있다. 하지만 대부분 3개월 내에 제대로 된 평가를 받기는 힘들며, 기업의 가치는 기업 내부 상황, 관련된 정책, 국내 트렌드, 세계적인 트렌드에 따라서 상승하거나 하락한다. 내부 상황은 수시로 변하며 정책하나가 결정되는데 오랜 시간이 걸리고 국내외 트렌드가 변하기에는 최소 1년이라는 시간이 걸리기 때문에 단기간에 주식투자를 통해서 이익을 보는 것은 매우 힘든 일이다.

　단기간에 수익을 얻고자 한다면 주식투자 보다는 CMA에 투자하는 것이 효과적이다. CMA는 종합금융회사가 고객으로부터 예탁 받은 금전을 어음 및 채무증서 등에 운용하고 그 수익을 고객에게 지급하는 수시입출금이 가능한 금융상품을 지칭하는 용어이다. CMA에는 RP형과 MMF형으로 구분 할 수 있다. CMA RP형은 CMA 통장에 입금된 돈을 환매조건부 채권에 투자해서 그 수익금을 고정된 금리 이자로 받는 상품이다. CMA MMF형은 CMA 금리가 정해져있지 않은 상품으로, 투자금의 운용결과에 따라 이익이 날 수도 있으며 손실을 볼 수도 있는 상품이다. CMA 통장은 은행의 수시입출금 계좌의 편리성이라는 장점과 종금사의 실적배당형 상품의 수익성이라는 장점을 결합하여 만든 자산관리계좌이다. CMA통장은 은행이 아니라 증권사에서만 개설이 가능하다.

• 주식거래가 가능한 시간은 언제인가

　처음 주식을 접하는 사람들은 주식을 사고파는 시간이 언제인지 궁금해 한다. 주식을 사고파는 시간은 정해져 있으므로, 새벽시간에 주식을 사고자해도 살 수 없다. 주가는 계속해서 변동하지만 사고 팔 수 있는 시간은 다음과 같이 정해져 있다.

장전시간외매매 (종목의 전일종가로 거래)	07:30 ~ 08:30 (보통 07:20부터 주문 접수 가능)
동시호가(주문만 접수가능)	08:00 ~ 09:00 (체결은 9시 정규시장부터)
정규시장	09:00 ~ 15:00 (실시간 체결, 15:20부터 동시호가)
장후시간외거래	15:30 ~ 16:00 (당일 종가로 거래)
시간외단일가거래 (10분 단위 체결)	16:00 ~ 18:00 정규시장 당일종가 ±10% 이내 (당일 정규시장 가격제한폭 이내)

[표 1] 주식 거래 가능 시간

　간단하게 정리하면 장전시간외거래는 전일종가로 거래가 가능한 시간이며 매수•매도 할 물량이 있다면 이 시간에 체결이 된다. 장후시간외거래는 폐장 후의 추가거래를 의미하며 종가로 거래가 된다. 장전동시호가거래는 표의 동시호가를 의미하며 주문순서를 확정하기 어려운 때로 동시 주문으로 처리하는 시간이다. 주문한 종목은 9시에 일괄 체결된다. 장후동시호가거래는 당전동시호가거래와 동일하며 거래시간은 15:20부터 15:30까지 10분간은 시간외 종가(15:30 ~ 16:00)인 장후시간외거래를 구하기 위해 시간외 종가 가격을 결정하는 시간으로 가격만 결정하고 매수와 매도의 주문은 받지 않는다. 시간외 단일가는 당일 종가를 기준으로 상승폭과 하락폭 범위(±10%) 내에서 16:00 ~ 18:00까지 10분마다 체결된다.

　시간외 거래를 하는 이유는 간단하다. 대량으로 주식을 매수하거나 매도할 사람이 정규시장 시간에 거래를 하면 대량으로 주식이 거래되어, 주가에 영향을 미칠 수 있기 때문이다. 이러한 이유로 일부러 시간외 거래로 대량 매수하거나 매도하는 사람들도 있다. 이외에도 정규시장시간에 주식을 할 시간이 부족해서 시간외 거래로 이른 아침이나 오후 늦게 주식을 하려는 투자자도 있으며 평소에 관심있는 주가가 하락하여 오전 9시 이전에 저렴할 가격에 매수를 하거나 다음날 주가가 상승할 것으로 판단되어 미리 당일 오후에 주식을 사려는 투자자도 있다. 여러 가지 이유를 통해서 시간외 거래를 하는 사람들도 있다.

● 금리에 따른 주식 변동

　주식을 하다보면 자연적으로 금리라는 말을 자주 듣게 된다. 금리는 돈의 가격을 말한다. 다른 의미로 금리는 자금이 거래되는 금융시장에서 자금수요자가 자금공급자에게 자금을 빌린 데 대한 대가로 지급하는 이자금액 또는 이자율을 뜻하기도 하는데, 최근에는 이자율의 의미로 사용 중이다. 이때 금리에 따라서 주식이 변동하는데, 금리가 주식시장에 미치는 영향은 특정한 법칙이나 일정한 법칙처럼 적용되지는 않는다. 보편적으로는 금리가 하락하게 되면 시중의 유동자금이 주식시장에 몰려 지수가 상승하는 경우가 많이 있다. 이는 보편적인 경우일 뿐 항상 그런 것은 아니며, 금리의 변동과 다른 외부적인 요인에 따라서 상황은 다르게 흘러 갈 수 있다.

　금리와 주가의 변동을 설명하는 이론 중에 자산평가이론이 있다. 이 이론에 따르면 금리와 주가는 역의 관계가 있으며, 기업의 입장에 대해서 이 이론은 성립한다. 즉, 금리가 하락하면 주가는 상승하고 금리가 상승하면 주가는 하락하는 것이다. 금리가 하락하면 기업들은 낮은 금리로 많은 자금을 빌려서 투자를 늘리고, 그와 동시에 부채를 많이 보유한 기업들은 금리가 낮아짐에 따라서 이자비용도 줄어든다. 이에 따라 기업의 이익은 늘어나고 재무구조가 탄탄해져 기업의 가치가 높아진다. 반대로 금리가 높아지면 기업들이 투자를 위해 돈을 빌리기가 어려워 투자가 감소해 기업의 성장이 더뎌진다. 또한 금리가 높아져 이자비용이 늘어나 기업의 이익은 줄어들고 주가가 하락하는 것이다.

　자산평가이론은 기업뿐만 아니라 투자자 입장에서도 성립이 된다. 금리가 상승하면 주식 투자하는 사람들 중에서 위험을 싫어하고 피하려는 사람들은 은행에 돈을 맡기려고 할 것이다. 은행에 돈을 넣어두면 원금이 손실될 우려 없이 매년 안정적인 이자수입을 얻을 수 있기 때문이다. 은행에 돈을 넣어두고 이자수입만 얻고 있으니 손실위험을 무릅쓰면서 주식투자를 하지 않으니 주가는 하락하는 것이다. 반대로 금리가 하락하면 대체 투자수단인 주식으로 돈이 몰리고 그 결과 주식시장은 계속해서 늘어나는 돈의 힘으로 인해서 주가가 상승하는 것이다.

● 증여세란 무엇인가

　증여세는 증여에 의하여 재산이 무상으로 이전되는 경우에 부과하는 세금이다. 쉽게 설명하면 부모 혹은 조부모의 재산을 아무런 대가없이 물려주는 경우에 부과하는 세금이라고 할 수 있다. 이러한 경우는 주로 기업의 재산이나 대량의 주식을 넘겨주는 경우에 부과하며, 과세의 금액에 따라서 증여세 세율은 다르다.

과세표준	세율	누진공제
1억 이하	10%	-
1억 초과 ~ 5억 이하	20%	1천만 원
5억 초과 ~ 10억 이하	30%	6천만 원
10억 초과 ~ 30억 이하	40%	1억 6천만 원
30억 초과	50%	4억 6천만 원

[표 2] 증여세 세율

과세에 따라서 각각 부여되는 세율도 다르고 누진공제 또한 다르다. 이외에 증여세를 면제 받을 수 있는 기준도 있다. 배우자 사이에서 증여받는 경우 6억, 직계존속의 경우는 5천만 원, 직계존속의 경우에 증여받는 자가 미성년자라면 2천만 원, 직계비속의 경우 5천만 원, 배우자 및 직계존속이 아닌 친족의 경우 1천만 원으로 이 기준 금액을 넘기지 않으면 증여세를 부과하지 않는다.

주식의 경우에도 크게 다르지 않다. 예를 들어 주식 초보자가 주식을 시작하여 오랜 기간 주식시장에서 수익을 내서 흔히 말하는 주식 부자가 되었다고 가정해보자. 이때 이 사람이 사고로 인한 죽음이나 자연사로 인해 사망한 경우 이 주식을 직계존속 및 배우자에게 증여한다고 할 때, 주식이 사망한 자의 재산이 되므로 증여세를 부과한다. 이때 증여세는 증여일 또는 상속 개시일의 현재 시가에 따라서 부여된다. 즉, 증여일 또는 상속 개시일에 사망한 자의 주식을 현재 시가로 하여 총 금액을 계산하여 증여세를 부과하는 것이다.

주식 초보자의 경우에는 증여세에 대해서 인식하고 있으면 좋을 것이다. 주식 초보자들이 주식을 통해서 큰돈을 벌기는 힘들기 때문이다. 대부분의 주식 초보자들이 처음 시작하는 주식에 많은 돈을 투자하지 않는 경우가 많아 그만큼 수익도 많지 않다. 하지만 시간이 흐르면서 시장을 내다보는 눈이 생겨나 비트코인과 같이 몇 년 후에 값 또는 주가가 크게 뛰어오를 만한 주식에 투자하여 큰 이익을 얻게 되고, 시간이 흘러 그 주식을 증여하게 되었을 때 증여세를 고려하여야 할 것이다.

• 미수금이란 무엇인가

미수금이란 기업회계기준에서는 일반적 상거래, 즉 당해회사의 사업목적 이외의 경상적 내지는 비경상적 영업 활동에서 발생하는 미수채권을 말한다. 주식에서의 미수금은 대출금과 비슷한 의미로 쓰이고 있다. 통장에 있는 거래금 이외에 주식거래를 더 할 수 있도록 증권사 측에서 3일간 돈을 빌려주는 단기 대출 제도이다. 이때 증권사 측에서 대출해주는 대출금의 한도는 현재 소유한 총 자산의 2배에서 많게는 4배까지 대출을 해준다. 미수금을 통해서 증권사에서 자금을 대출 받아 자신이 가진 자본보다 많은 수의 주식을 매수할 수 있다.

　자신이 원하는 주식을 원하는 만큼 매수하고자 할 때 자산이 부족하다면 이 미수금을 사용하여서 주식을 매수할 수 있다. 하지만 이 미수금은 대출금을 의미하므로 증권사에 갚아야 하는 금액이다. 주식은 매수를 하고나서 3일 후에 결제가 되는 시스템이므로, 미수금은 미수가 발생하게 된 수 3거래일후 결제일까지 미수금액 만큼 입금하거나, 미수금을 통해 매수한 주식을 매도하여야 하며 그렇지 않은 경우에 3거래일후 다음날 아침에 자동반대매도가 실행된다. 반대매도란 반대매매를 뜻하는 말인데, 고객이 증권사의 돈을 빌리거나 신용 융자금으로 주식을 매입하고 빌린 돈을 약정한 만기 기간에 변제하지 못할 경우 고객의 의사와 상관없이 주식을 강제로 일괄 매도 처분하는 매매를 말한다. 결국 미수금을 사용하여 주식을 매수한 이후에 3거래일후까지 미수금액을 입금하지 않거나 매도하지 않으면, 미수금액을 사용하여 매수한 주식은 주식을 매수한 자의 의도와 상관없이 자동 매도된다. 매도금액은 전일 종가 하한가를 기준으로 산정한다. 미수금으로 주식을 매수하여 미리 이익을 챙기면 좋지만 3거래일 내에 미수금을 해결하지 않으면 더 큰 손해를 볼 수도 있다.

　주식 초보자들이 흔히 하는 행동이 바로 미수금액으로 매수를 하는 것이다. 주식 초보자들은 자신의 자산을 확인하지 않고 주식을 매수하려고 하는데, 좋은 주식을 생각보다 많은 양을 구입하면, 큰 이득이라고 생각하고 매수를 한다. 하지만 미수금액을 입금하지 않아 이후에 주가가 하락하면 자동으로 매도되어 더 큰 손해를 본다. 미수금은 항상 사용할 수 있도록 주식 프로그램에 기본적으로 세팅되어 있지만, 사용하지 않기 위해서는 주식 프로그램에서 설정을 변경이 가능하다. 이때 원하는 만큼만 사용하도록 설정을 변경 할 수 있다. 처음 주식을 시작하게 되었을 때 자신이 입금한 금액의 몇 배 이상의 금액만큼 주식이 구매 가능하다면, 미수금을 사용하게 되는 것이므로 주의하여야 한다.

• 해외주식을 하는 방법

　주식 초보자들은 주식을 처음 접하는 사람이 대부분이기 때문에 주식 관련해서 여러 가지에 관심을 가진다. 주식을 시작하게 되면 뉴스나 인터넷을 통해서 하루 시작을 주가 확인으로 할 것이다. 뉴스를 통해 접하면 뉴스에서는 코스피지수와 코스닥지수 그리고 나스닥지수의 정보를 알려준다. 여기서 나스닥은 미국의 장외주식시장이다. 나스닥 지수도 우리나라의 주식 시장에 영향을 미친다. 미국에 원료 수입이나 수출을 할 때 환율과 그 나라의 물가가 다르기 때문에 그만큼 기업이 쓰는 돈이 다르고 따라서 기업의 가치가 상승하기도, 하락하기도 한다.

이러한 해외주식을 하는 것도 가능하다. 해외주식을 하는 것은 우리나라의 주식을 하는 것과 크게 다르지는 않다. 증권사별로 해외주식 전용계좌 개설을 하는 곳도 있고, 일반 주식전용 계좌를 해외주식 계좌로도 신청을 하면 하나의 계좌로 국내와 해외 모두 가능하다. 이때 해외주식 계좌 개설을 한 후, 미국, 유럽 등 하고자 하는 국가를 선택하여 매수 및 매도를 진행하면 된다. 앞서 매수를 진행하기 위해서는 계좌에 입금을 해야 한다고 설명하였다. 왜냐하면 해외주식을 우리나라 돈으로 구매할 수는 없기 때문인데, 쉽게 말해 원화를 가지고 해외의 물건을 살수 없는 것과 같다. 따라서 원화를 거래국가에 맞는 화폐단위로 환전을 한 후에 입금을 해야만 매수가 가능하다. 이때, 국가별 거래제도나 거래방법은 다르지 않으나 수수료에는 차이가 있다. 그리고 해외주식 거래 시간도 당연히 국가에 맞는 시간대에 진행되므로 우리나라에서는 새벽인 시간에 거래를 해야 하는 나라도 있을 것이다.

해외주식은 조금 더 이익을 얻기 쉬울 것이라고 생각하여 시작하는 것은 큰 오산이다. 우리나라 주식과 해외주식은 다른 것이 아니라, 마찬가지로 주식인 것이다. 따라서 주식이 오르는 것은 마찬가지로 오랜 시간이 필요하다. 해외 주식 역시 오랜 기간 해야 이익을 얻을 수 있다는 점을 명심해야한다. 따라서 초보자들은 우리나라 주식시장의 정보를 먼저 터득하고 나서 하는 것이 좋다.

가. 주식 격언

초보 투자자들은 주식을 조금이라도 더 원활하게 하기 위해서 전문가들의 주식격언을 찾는 사람들이 많다. 초보투자자들은 상승하는 업종은 매수하려하고 하락하는 업종은 매도하려고 하는 경향이 있다. 주식에 대해서 모르는 것이 많기 때문에 가격이 내려갈 때 팔고 가격이 올라가면 사는 것을 기본으로 한다. 하지만 이는 정말 단기적이고 아무것도 모르는 상황에서 하는 것이지 이러한 투자는 좋은 투자가 아니다.

투자 전문가들 혹은 주식을 오랫동안 해온 사람들은 장기적으로 보며, 보유한 주식이 약간 하락하더라도 신경 쓰지 않고 장기적으로 보유하고 있는 경우도 많다. 그동안 주식을 해오면서 습득한 지식과 경험을 통해서 장기적으로 보유하고 있으면 더 큰 이익을 얻을 것이라는 것을 알기 때문이다. 전문가 혹은 경험자들이 전해주는 주식격언은 매우 많다. 50개 정도 있는데 이는 인터넷을 통해서 쉽게 찾을 수 있다. 하지만 왜 그 격언이 보고 따라야하는지는 나와 있지 않은 경우가 많다. 이번 장에서는 몇 가지 주식 격언을 소개하면서 왜 격언이 맞는 말이며, 어떻게 그를 통해 좋은 주식을 찾을 수 있는지를 알아보도록 하겠다.

- 주식은 타이밍 선택과 종목 선택이다

　주식에서는 타이밍 선택과 종목 선택이 가장 중요하고 이 선택만 잘하면 큰 수익을 얻을 수 있다. 종목 뿐 아니라 타이밍도 잘 선택하야 하는데 종목을 잘 선택했다 한들 제때 매수하지 못하면 아무런 의미가 없게 되는 것이다. 종목선택이 중요한 이유는 주식시장의 상장종목이 모두 같은 방향으로 움직이지 않고 테마 별로 시차를 주고 움직이기 때문이다. 종목 선택을 잘 못하면 대세가 상승하여도 자신이 가진 주식은 상승하지 못하고 하락하는 경우도 있기 때문이다.

　매기순환이 빠른 순환 매장세에서는 어떤 업종이나 테마주를 꾸준하게 보유하고 있으면 되지만 매기순환이 장기적으로 진행되는 파행장세에서는 비인기 업종을 보유하고 있으면 아무리 오래 버텨도 성과를 얻지 못하게 된다. 그러다 대세가 하락세로 되어 비인기주도 함께 하락하게 되면 더 큰 손실을 가져온다. 그러므로 장•단기투자 모두 종목 선택을 할 때 그 주식의 내재적 가치 분석도 중요하지만, 시장 내 인기의 변화과정과 원리를 잘 파악하여야 한다.

- 대세는 오래가도 개별종목은 단명한다

　종합주가지수가 장기적으로 상승하는 추세일 때도 특정업종 또는 테마가 처음부터 끝까지 시세를 주도하는 경우는 적고, 여러 업종 또는 테마가 순차적으로 시장을 이끌어가는 것이 더 보편적인 경우가 많다. 주식시장이 장기간의 침체국면을 거치고 난 후, 처음으로 종합 주가지수가 상승하기 시작하면 투자자들이 쉽게 호응할 수 있는 초우량주 등의 업종이 먼저 떠오른다. 초기단계의 초우량주 집단이 어느 정도 오르고 나면 그 다음에는 평범한 보통주들이 광범위하게 오른다. 초유량주와 보통주가 오를 만큼 오르고 나면 이제 나머지 저가주들이 오른다.

- 상승은 종목별로 하락은 일제히

　주가지수가 상승하게 될 때 모든 상장종목이 동시에 상승하는 것은 아니다. 종목별 또는 업종별로 단계적 상승을 하는 것이 보통이다. 인기업종이 떠오를 때에는 업종의 대표주나 강력한 재료를 수반한 종목부터 오른다. 대표주가 먼저 오르면 이에 영향을 받아 대중주가 오르고 이후 저가주까지 오르게 된다. 그러나 주가가 하락할 때에는 대표주, 대중주, 저가주 어느 순서에 따라 하락하지 않고 일제히 하락한다. 인기를 얻고 있는 업종이나 테마주, 비인기주 등의 구분 없이 하락하며, 또한 선도업종이나 후

발업종을 가릴 것 없이 똑같이 하락하는 것이 보통이다. 주가가 하락하는 원인은 주로 투자자들의 투자심리와 관련된 것으로 풀이 할 수 있다.

주가가 상승하는 것은 재료보다는 주로 인기의 힘에 의하는 것이 보통인데, 인기 있는 주식은 일시에 열광적으로 되는 것이 아니다. 인기의 초기단계에서는 소수의 전문투자자들만이 주식을 사기 때문에 주가상승이 지리멸렬하게 나타나고, 주가도 선별적으로 상승한다. 그러나 초기단계의 주가상승에 고무된 일반투자자들이 차례로 매수에 가담하면서 주가상승에 가속도가 붙기 시작하고 상승종목도 더욱 늘어난다. 마지막으로 대중 투자자들이 주식시장으로 몰려오기 시작하면서 주식시장의 인기는 폭발하고, 모든 상장종목들이 일제히 상승하는 것이 보통이다. 반면에 주가가 하락할 때에는 투자자들의 불안과 공포심이 큰 원인이 된다. 인간의 불안 심리는 가속적으로 전파되는 심리가 있기 때문에 불안과 공포심이 투자자들 사이에 퍼지기 시작하면 업종별 구분 없이 전 상장종목이 거의 대부분 매물로 쏟아진다. 주식을 팔 때는 현금이 목적이기 때문에 종목구분이 필요 없기 때문이다. 비인기주는 그동안 상승하지 않았으니 종합주가가 하락해도 크게 하락하지 않을 것이라는 생각은 잘못된 생각이다.

• 배당을 보고 투자하지 마라

주식투자의 목적 가운데 배당에 대한 기대를 빼놓을 수 없다. 하지만 우리나라의 배당수익률은 공금리 수준에 미치지 못할 정도로 매우 낮으며, 그나마 종목선택을 잘못하게 되면 배당수익률은 한 푼도 받지 못하는 경우도 있다. 배당 중심으로 투자를 하다보면 시장흐름을 도외시하기 쉬워, 얼마 안 되는 배당의 시세차손으로 모두 상쇄되고 경우에 따라 큰 투자손실을 입을 수도 있다. 그러므로 주식투자는 어디까지나 시세차익이 제 1의 목적이 되어야 하며 배당이나 증자 등은 부수적인 목적이 되어야 한다.

소심한 투자자 중에는 주가가 움직이지 않는 저가주를 사고 배당을 받을 생각을 하는 사람들이 있다. 이는 올바른 투자방법이라고 할 수 없다. 주가가 낮아 배당수익률이 높을 수도 있지만 저가주도 장세가 크게 무너지면 주가가 크게 하락하기 때문에 올바른 투자방법이라고 할 수 없다.

• 계란은 한 바구니에 담지 마라

투자자들 중에는 자신이 가진 모든 자금을 주식에 투자하는 경우가 많다. 또한 거액의 투자금을 단일 종목에 집중적으로 투자하는 사람들도 있다. 심한 경우에는 주가가 크게 오를 것을 예상하고 100% 투자하는 사람도 있다. 이렇게 단일종목이나 소수의 종목에 집중 투자하여 성공하게 되면 그 수익률은 어마어마하다. 이러한 일확천금을 노리고 단일 종목이나 소수 종목에 투자하는 사람들도 있다. 투자자금을 주식에만 투자하는 것은 위험하니 채권, 부동산, 유동자산 등 적절하게 투자하는 것이 좋다. 주식은 성공과 실패가 명확하고 크게 이익을 얻거나 손실을 보기 때문에 도박과 비슷하지만 주식을 도박처럼 해서는 안 된다.

- 회사분석에 지나치게 치중하지 마라

주식이 증권시장에서 거래되고 있는 것은 주식자체가 내재적인 가치를 가지고 있기 때문이다. 내재적 가치란 자산내용, 수익성, 성장성 등을 종합적으로 평가하여 정해지는 것이다. 가치가 높은 주식은 주식시장에서 주가가 높게 형성되고 가치가 낮은 주식은 주식시장에서 주가가 낮게 형성되는 것이 원칙이다. 그래서 투자자들이 종목을 선택하기에 앞서 이와 같은 기업의 내용을 분석하는 것이 기본으로 되어 있지만, 회사 내용에 지나치게 구애 받으면 큰 투자성과를 기대하기 어렵다.

기업의 내용은 주가형성의 기본이지만 현실적으로 주식시장에서 주가가 형성되는 것은 기업의 내용보다는 시장수급이나 인기에 더 많은 영향을 받는 경우가 많다. 주가는 기업의 내재적 가치와 일치하는 경우는 드물고 항상 그 가치보다 높게 형성되거나 낮게 형성되어 있는 것이 보통이다. 기업의 내용에만 지나치게 집착하면, 시장 내에서의 현실적인 주가형성을 거부하게 되어 시장의 흐름을 따라가지 못한다. 주가는 장기적으로 보면 기업의 내재적 가치를 기준으로 상하로 등락하면서 시세가 진행된다고 생각되지만 특히 단기투자를 할 때는 기업의 내용보다는 실제 시장에서의 주가의 움직임에 따라가지 않으면 큰 성과를 기대할 수 없다.

- 주가 수준에 지나치게 구애받지 마라

일반투자자들은 주식을 매매할 때 주가 수준을 가장 중요한 기준으로 삼는다. 주가의 절대적인 수준뿐만 아니라 과거에 주가가 얼마나 올랐느냐 내렸느냐를 두고 매매결정을 내리는 사람이 많다. 그러나 주식의 매매결정을 할 때는 단기적인 주가 수준의 변화보다 장기적인 시장흐름을 더 중요하게 여겨야 한다. 일반투자자들이 주가 수준에 신경을 쓰는 것은 낮은 주가는 오를 가능성이 많고 단기간에 크게 오르는 반면, 반드시 반락한다는 고정관념을 가지고 있기 때문이다. 그러나 저가주가 반드시 크게 상승한다는 보장은 없고 상승할 여건이 충분히 조성되어 상승하는 시세는 단기간에 올랐어도 잠시 주춤거릴 뿐 상승세를 유지하는 경향이 있는 것이다. 또한 바닥시세에서 주식을 사지 못했다고 상승하는 주식시세에 따라붙지 못하고 주가가 다시 바닥 수준으로 반락하기만을 기다리는 사람도 있다. 그러나 한번 바닥을 탈출한 시세는 다시는 바닥으로 내려오기 어려워 바닥으로 다시 밀리는 주식시세에서는 매입할 필요가 없다.

- 편견을 가지고 종목을 선택하지 마라

투자자별로 약간의 차이는 있으나 업종이나 종목 선택을 할 때 편견을 가지고 있다. 이러한 편견은 성격이나 생활환경에서 나오기도 하지만 과거의 투자경험에서 오는 경우가 대부분이다. 종목 선택을 할 때 이러한 개인적인 편견은 주식투자의 성과를 저하시키는 큰 장애요인이 되는 것이다. 주식투자는 시장의 흐름에 저항 없이 순순히 따라가야 하지만 개인적인 편견을 지나치게 가지고 있으면, 시장의 흐름을 있는 그대로 보지 못하고 자연히 시장흐름을 거역하고 자기 나름의 투자행동을 하게 된다.

시대가 변하면 주식시장도 달라진다. 과거의 경제 환경에서 시장을 주름잡던 인기주도 이제는 경제여건이 바뀌면서 그 인기는 떨어지고, 새로운 시장주도주가 부상한다. 새로운 시장주도주가 부상하면서, 과거의 시장주도주는 시장의 뒤안길로 밀려나 찬밥신세가 된다. 과거의 인기주를 통해서 성공했다고 한들 시장의 인기가 바뀌었기 때문에 과거의 인기주에 대한 집념을 가지고 있으면 투자는 실패 할 수밖에 없다. 따라서 주식투자에서 종목 선택을 할 때, 주관적인 감정을 배제하고 객관적으로 시장의 흐름을 바라볼 줄 알아야 한다. 편견이 지나치게 강한 투자자들은 자신이 싫어하는 업종이 시장을 주도할 때, 이를 계속해서 거부하다 견디지 못하고 뒤늦게 뛰어들어 실패하는 경우가 아주 많다.

- 밀짚모자는 겨울에 사라

주식투자에서 종목선택의 방법은 시장에서 움직이고 있는 인기주에 편승하여 투자하는 것과 주가가 움직이지 않고 있는 비인기주에 과감히 투자하는 방법이 있다. 인기주 투자는 단기간에 큰 투자차익을 남길 수 있지만, 뒤늦게 뛰어들면 크게 손해 볼수 있는 위험이 있다. 따라서 시장인기가 외면하고 있어서 실제 가치보다 저평가 되어 있는 비인기주를 사놓고 장기간 기다리는 방법이 보다 안전한 투자방법이라고 할 수 있다.

밀짚모자는 겨울에 사라는 격언을 살펴보자. 말 그대로 밀짚모자를 인기가 없는 겨울에 사면 매우 저렴하게 구매 할 수 있는 것처럼, 주식도 기업 내용이 우수한 종목 가운데 시장 인기에 외면당해 방치된 종목은 낮은 가격에 매수 할 수 있다는 의미이다. 저렴하게 매수한 주식은 시간이 흘러 가치를 인정받아 주식의 가격이 오르게 된다. 따라서 시장의 단기적인 변화에 기민하게 대처하기 어려운 일반투자자들은 이와 같은 비인기주 투자가 오히려 확실한 투자방법이라고 할 수 있다.

- 만인이 좋아하는 미인주를 사라

투자자들 중에는 자신의 생각으로 재료를 해석하여 어떤 주식이 크게 오를 것이라고 판단하고 주식을 사두지만, 다른 투자자들의 대부분은 그렇게 생각하지 않아서 투자에 실패하는 경우가 많다. 그러므로 종목선택을 할 때 자신의 생각만으로 종목을 선택하고 다른 투자자들이 따라올 것이라 생각하지 말고, 종목을 선택하기 전에 다른 투자자들은 일반적으로 어떻게 생각할 것인지 따져 볼 필요가 있다.

그렇게 하려면 자신의 주관적인 생각에만 집착해서 종목을 선택하지 말고, 다른 투자자들도 모두 좋아할 수 있는 종목을 선택하여야 한다. 투자자들 대다수가 좋아할 수 있는 주식의 조건은 먼저 수익성이 좋아야 하고 자산내용도 건전하며, 무엇보다 성장 가능성이 있어야 한다. 다시 말해 모든 투자자들이 좋아할 수 있는 미인주는 성장우량주를 말하게 되지만 그 밖에도 모든 투자자들이 다 좋아할 수 있는 조건을 지닌 주식은 모두 미인주라 할 수 있다.

- 미래의 우량주를 사라

우량주란 기업의 자산내용도 좋고 수익성도 좋은 글자 그대로의 우량한 주식을 말한다. 그러나 진정한 우량주는 성장성까지도 좋은 성장성 우량주를 말한다. 성장성 우량주는 제 1급의 주식이며 그 중에서도 대형주 보다는 중소형 우량주가 주가 움직임이 더 좋기 때문에 최고의 주식이라 할 수 있다. 성장성 우량주는 바닥에서 주가가 처음 상승할 때 가장 먼저 상승하는 주식이며 종합주가가 하락 할 때에는 가장 나중에 하락하는 것이 보통이다.

우량주는 바닥기간이 짧고 상승기간이 긴 것이 특징이므로, 주식에 대해서 전문적인 지식이나 시장흐름에 대한 이해가 부족한 일반투자자들에게는 투자하기가 매우 적합한 종목이라 할 수 있다. 그러나 우량주는 누구나 다 좋아하는 주식이므로 평소에는 주가가 좀처럼 하락하지 않고 항상 고가 수준에 있기 때문에 특별한 경우를 제외하고는 큰 투자수익을 얻기가 어렵다. 따라서 많은 투자자들에게 알려져 있는 우량주보다는 이름 없는 보통주 가운데 우량주로 성장할 주식을 미리 찾아서 투자하면 기업

성장과 함께 주가도 크게 상승하게 된다. 우량주가 아니기 때문에 주가가 낮아서 싸게 살 수 있으며, 장기적인 기업성장이 뒷받침되기 때문에 장세의 호•불황과 관계없이 꾸준히 주가가 상승할 수 있는 것이 미래의 우량주라 할 수 있다. 알려지지 않은 평범한 주식 가운데 미래의 우량주를 찾는다는 것은 결코 쉬운 일이 아니지만 기업의 장래성을 예측하는 것이 꼭 불가능한 일만은 아니다.

• 주식과 결혼하지 마라

　투자자들 중에는 자신이 보유한 주식에 대해 지나친 애정을 가진 사람들이 있다. 애정을 가지고 주식을 관리하기 때문에 보유한 주식을 과대평가 하면서 더 이상 오르지 않는 주식인데도 불구하고 계속해서 오르기를 원하고 있어 팔지 못한다. 게다가 주식이 하락하면 좋은 주식이 하락한다며 지나친 애정으로 팔지 못한다.

　주식에 대해서 지나친 애정을 가지게 되면 여러 가지 이유로 인해서 주식을 팔지 못하고 계속해서 소유하여 손실을 보게 된다. 한 가지 주식에 지나치게 애정이 많아 손절하기가 싫어 주식을 지나치게 장기적으로 보유하고 있는 것은 좋지 않다. 일반 투자자들은 단기 투자보다는 장기 투자를 하는 것이 더 안전하고 큰 수익을 얻을 수 있다고 생각하지만, 큰 시세가 나왔을 때에는 한 번 씩 주식을 팔아야 한다. 그리고 손절하기 싫어서 장기적으로 시세가 하락하는 주식을 계속해서 보유하면 주식투자에서 큰 실패를 하는 지름길이 된다.

• 오르고 있는 주식을 사라

　주식투자의 목적이 시세차익에 있다면 종목 선택의 가장 기본적인 기준은 오를 수 있는 주식을 찾는데 있다. 오를 수 있는 주식을 찾기 위해서는 기업의 내용이나 시장의 주가의 움직임 등을 분석하지만, 오를 수 있는 가능성이 가장 많은 것은 현재 오르고 있는 주식이라고 할 수 있다.

　주가는 수많은 요인들에 의해서 결정되는데, 그 많은 요인들의 변화를 추측하여 확실한 주가전망을 내린다는 것은 대단히 어려운 일이다. 그 보다 현재 오르고 있는 주식이 오르는 이유를 분석하여 타당한 이유에 의해 오르고 있다면, 그 주식을 사는 것이 쉽고 안전한 투자 방법이다. 오르는 주식에 편승하는 투자를 한다고 해서 뇌동매매와 혼동하면 안 된다. 뇌동매매란 소신 없이 시장 분위기의 변화에 따라 민감하게 투자행동이 바뀌는 것을 말하며 편승하는 투자란 시장 분위기의 변화에 가려진 시장의 긴 흐름을 파악하여 여기에 편승하는 것을 말한다. 오르는 주식에서 편승하는 투자를 할 때 가장 유의해야 할 점은 너무 늦게 시장 흐름에 뛰어들어서는 안 된다는 점이다.

시장흐름은 언젠가는 방향이 바뀌게 된다. 시세의 상승흐름이 바뀌는 막바지 국면에서 시세가 가장 강하게 보이는 것이 보통이므로 일반투자자들은 흔히 속기가 쉽다. 오르는 주식에의 편승투자는 어디까지나 시세중반까지만 해당되고 그 이후에는 타당성을 상실하는 것이다. 따라서 현재 오르고 있는 주식이 과거 얼마나 오랫동안 걸쳐서 얼마나 크게 주가가 상승했는가 하는 점을 반드시 고려하여 시세에 뛰어들어야 한다.

• 시장인기를 외면하지 마라

투자자 중에는 소신 없이 시장의 인기주만 쫓아 다니는 사람은 많다. 반대로 시장에서의 주가 흐름을 외면하고 기업의 내용에만 치중하여 전혀 움직이지 않는 저가주를 사놓고 장기간 기다리는 사람도 있다. 인기주는 주가변동이 너무 심해 미숙한 투자자들이 관리하기에는 너무 위험하다. 그러나 이 위험이 두려워서 인기주를 외면해서 비인기주만을 사는 것은 좋지 않은 투자 방법이다.

시장의 움직임도 주로 인기주에 의해서 선도되고 인기주가 오르면 비인기주는 그 정도에 따라 조금씩 오르거나 제자리걸음을 하게 된다. 하지만 인기주가 반락하면 오르지 못했던 비인기주도 함께 하락하는 것이 보통의 경우다. 주식시장의 인기라는 것은 장기적으로 순환하는 것이므로, 변화무쌍한 시장인기의 변화에 따라다니는 것보다는 기업 내용이 우수한 주식이 저가에 방치되어 있을 때 매수해 놓고 장기간 기다리면 언젠가는 인기가 붙어서 주가가 크게 오를 수도 있는 것이다. 그러나 인기의 순환 기간이 어느 정도인지 명확히 알 수 없고 수시로 변하기 때문에 단일 업종 또는 테마에 의한 시장지배가 지속되는 경우도 있다. 투자자들은 이러한 기간을 견디지 못하고 도중에 주식을 팔아버리고 마는 것이 대부분이므로 결코 안전한 주식은 아닌 것이다.

기업 내용이 좋은 주식이 저가에 방치되어 있을 때에는 눈여겨 봐두었다가 인기가 붙기 시작할 때 매수하는 것이 가장 이상적인 방법이라 할 수 있다. 인기주 투자는 뒤늦게 뛰어들면 크게 손해 볼 수 있는 위험이 있지만, 초기의 시세에만 뛰어들면 가장 안전하게 단기간에 걸쳐 큰 투자수익을 얻을 수 있는 방법이다.

• 신고가 주에 따라 붙어라

일반투자자들은 단기간에 주가가 크게 오르면 거부감을 가지며, 신고가를 경신하면 주식을 따라 사지 못하고 팔게 되는 경향이 있다. 그러나 신고가를 경신하면 반대로 주식을 사야하는 경우가 많다. 신고가를 경신하는 것은 과거의 수급 상황이 수요 우세로 전환되고 있음을 나타내므로 상승하는 시세의 가장 표본적인 경우라고 할 수 있다.

주식시세가 신고가를 경신하는 경우에 일시적인 속임수로 주가가 직전 최고치를 넘어서는 경우도 있다. 하지만 이보다는 시장내부에서 큰 변화가 일어나 주식시장이 수요 우세의 시장으로 바뀌고 있는 경우가 더 많다. 신고가 주가 출현하면 단순히 과거의 낮은 주가에 대한 고정 관념으로 주가가 너무 올랐다고 걱정을 가지지 말고 적극적으로 편승하여 매입하는 것을 검토하여야한다.

• 성장주에 투자하라

주식을 평가할 때 투자자들은 현재의 가치보다는 미래의 가치를 더욱 높게 평가하는 경향이 많다. 그래서 현재의 우량주보다는 보통주이지만 미래의 우량주로 성장할 수 있는 주식이 현재의 우량주보다 더 크게 상승하게 된다. 반대로 현재는 일류의 우량주 이지만 성숙단계의 산업이나 사양화되기 시작하는 업종의 주식은 주가가 크게 오르지 못하게 된다.

증권분석가들이 기업을 분석할 때 대개는 기업의 자산가치와 수익가치만을 중심으로 기업을 평가하지만 더욱 중요한 것은 기업의 성장성이라고 할 수 있다. 성장성이 좋은 기업은 주가가 단기적으로 크게 오를 수 있으며, 장기적으로도 기업성장과 함께 주가가 꾸준히 상승한다. 주가는 기업 활동이나 내용을 반영하는 것이기 때문에 장기적으로 성장하는 기업의 주식은 시장이 침체국면에 들어가도 영향을 적게 받으면서 상승 할 수 있다.

• 일류주가 오르면 이류주를 겨냥하라

주식시장이 장기간 침체국면에서 벗어날 때 투자자들의 가장 호응도가 높은 업종이나 종목집단부터 주가가 오른다. 그 시대의 시대적인 강력한 재료를 가진 업종이나 그러한 업종이 없을 경우에는 최고급 우량주들이 초기 시세를 선도한다. 이후 보통주들이 본격적으로 주가가 상승하면서 주식시장은 활황국면으로 접어드는데, 마지막 과열국면에 이르면 주가가 오르지 못했던 부실 저가주들이 폭등하기 시작하는 것이 보통이다. 따라서 종목 선택을 할 때 초기시세의 선도주로의 편승이 늦어버린 투자자들은 주가가 아직 오르지 않은 보통주를 겨냥해야하며, 보통주가 너무 상승한 상태에서는 삼류의 부실저가주에 뛰어들어야 한다.

동일한 업종 안에서 처음 주가가 오르기 시작하는 것은 대표주이고 대표주가 크게 상승하면 다음으로 보통주가 오르며, 마지막으로 업계의 한계기업인 삼류주들 또한 주가가 상승한다. 그러므로 어떤 업종이 인기주로 부상하고 있을 때 이미 너무 올라버린 업계의 선도주를 뒤따라 매입할 것이 아니라, 아직 주가가 오르지 않았거나 적게 오른 보통주나 삼류주를 매입하는 것이 좋다.

소개한 주식 격언 이외에도 많은 주식 격언이 있다. 초기에 투자를 시작하고자 하는 초보투자자라면 무턱대고 시작하지 말고, 주식 투자를 오랜 기간 해온 경험자의 경험을 듣거나 주식 격언을 찾아 하나하나 이해한 뒤 주식 투자를 시작해도 늦지 않다. 주식 시장은 사라지는 것이 아니라 사회 패러다임과 인기에 의해서 업종과 종목의 등락이 변하므로 때문에 주식 격언을 보고 주식 시장에서 그에 맞게 종목을 찾아 매수•매도를 하게 된다면 주식 시장에서 이익을 얻을 수 있을 것이다.

나. 국내 주식 업종 분류

국내 주식은 크게 코스피와 코스닥 두 가지로 분류된다. 코스피는 증권거래소에 상장된 종목들의 주식 가격을 종합적으로 표시한 수치이고 코스닥은 전자거래시스템으로 운영되는 한국의 장외주식거래시장이다. 코스닥은 미국의 나스닥과 유사한 시장이다. 국내 주식 종목을 검색해보면 그 주식이 어느 시장에서 거래되고 있는지 나온다.

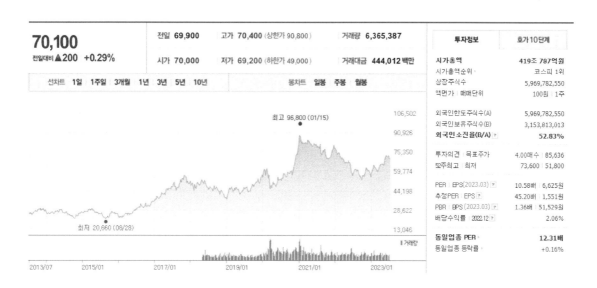

[그림 3] 삼성전자 주식 정보[2]

---

2) 네이버 금융 2023.07.10. 기준

위 그림은 네이버 금융에서 삼성전자를 검색하여 나온 주식의 상세 정보이다. 그림의 오른쪽 상단의 투자정보를 보면 시가총액 순위로 종목이 어느 시장에서 거래되고 있는지 알 수 있다. 삼성전자의 경우 코스피 시장에서 시가총액이 1위인 종목인 것을 알 수 있다. 코스닥 시장의 시가총액 1위는 에코프로비엠 이다. 이외에도 코스닥 시장의 업종들이 많이 있으며 기업의 하위 계열사들이 코스닥과 코스피에 나뉘어 상장되어 있는 경우도 있다. 이렇듯 두 가지 주식시장에 여러 기업들이 상장 되어 있으며, 또한 주식 시장에서 기업은 업종별로 나뉘어서 구분되고 그에 따라 상장되고 있다. 이때 코스피와 코스닥 이 두 가지 시장에 상장되어 있는 기업은 얼마나 되는지 보자. 일반적으로 사람들이 알고 있는 기업의 수만 해도 몇 십 가지는 되는 만큼, 우리나라에 사람들이 모르는 기업이 매우 많이 존재하여 상장된 기업도 매우 많다. 그러나 엄청난 양의 기업들이 모두 상장되어 있는 것은 아니며, 비상장기업 또한 매우 많다.

우리나라에는 많은 기업들이 있지만 그 기업의 성격이 모두 같은 것은 아니다. 대기업의 경우, 하위 여러 계열사를 두고서 여러 가지 업종을 다루지만 중소기업의 경우에는 대기업의 하위계열사로 들어가 있거나 하나의 업종만 다루는 경우가 많다. 즉, 기업별로 생산하는 제품과 제공하는 서비스의 성격이 천차만별이라는 것이다. 예를 들어 삼성전자의 경우에는 전자제품, 넥슨의 경우에는 게임 등 기업별로 제공하는 서비스가 다른 것이다.

[그림 4] 국내 상장회사 수 및 시가총액 추이[3]

2023년 기준으로 2,610개의 기업이 증권시장에 상장되어 있다. 이 수치는 코스닥과 코스피 두 시장에 있는 기업을 모두 합한 수치이다. 이 모든 기업의 시가총액을 합하면 약 2,433조 원에 이른다. 2,433조라고 하면 체감상으로 큰돈이라고 느끼기 힘들 수 있다. 우리가 조, 억 단위의 돈을 관리해볼 기회가 없기 때문이다. 많은 사람들이 백 만 원에서 천 만 원 단위의 돈을 관리를 하기에 조금이나마 체감을 할 수 있게 설명을 하겠다. 만약에 단군신화부터 은행이 있었다고 가정하고, 불사신인 어떤 사람이 1조 원을 입금 한 뒤에 매일 약 60만원씩 사용하면 1조 원을 다 사용하게 된다. 즉, 1조 원은 매일 하루도 쉬지 않고 60만 원씩 5천년의 기간 동안 사용해야 다 소모하는 것이다. 그러나 이마저도 이자를 계산하지 않고 원금만 사용할 때의 상황이며, 이자도 함께 계산을 하면 5천년 동안 60만 원 씩 사용해도 이자만 사용하게 될 뿐 원금 1조원은 고스란히 남아 있는 것이다. 이러한 1조 원이 2,433개가 있다고 생각하면

---

3) 국가지표체계 www.index.go.kr 2023.07

2,433조 원은 지구가 멸망할 때까지 다 사용할 수 없을 수도 있다.

　그만큼 우리나라의 기업들의 가치가 높다는 것을 의미한다. 그중에서 우리가 잘 알고 있는 삼성의 시가총액은 100조원을 넘는다. 그만큼 삼성이 생산하고 수출하는 양이 엄청나다. 따라서 삼성에 투자하게 되면 이익을 거둘 수 있다. 하지만 앞서 보여준 그림에서 알 수 있듯이 삼성전자의 주식은 1주에 250만 원 선에서 오르락내리락한다. 매출이 좋고 거대한 기업인만큼 그에 따르는 투자비용이 드는 것이라고 할 수 있다. 삼성을 통해서 이익을 얻을 수 있지만 그만큼 투자해야한다는 것이다.

　증권시장이 코스피와 코스닥으로 나뉘고 있지만 비율은 같지 않다. 그림의 2023년 데이터에서 코스피에 상장되어 있는 기업은 834개이고 코스닥에 상장되어 있는 기업은 1,649개이다. 코스피보다는 코스닥, 즉 장외시장에 더 많이 상장되어 있다. 하지만 시가총액은 상장된 기업 수와 비례하지 않고 코스피는 2,012조 원, 코스닥은 417조원이다. 이렇게 금액이 다른 이유는 코스피와 코스닥에 각각 상장된 기업의 업종이 다르기 때문이다. 삼성, LG, SK 등 흔히 알려진 대기업들은 대부분 코스피에 상장되어 있다. 최근에 다음(Daum)을 인수한 카카오가 코스닥에서 코스피로 상장된 것처럼 코스닥에서 코스피로 상장되는 경우도 있다. 또한 코스닥에는 셀트리온, YG엔터테인먼트 등의 기업이 있는데, 자세한 분류는 뒤에서 설명하도록 하겠다.

　수치로만 보았을 때 주식초보자의 경우 코스닥에 상장되어 있는 기업들이 코스피에 상장된 기업보다 가치가 떨어지는 것으로 생각 할 수 있다. 하지만 이것은 앞으로 설명하겠지만 기업은 각각 비슷한 분류는 있을 수 있지만, 똑같은 분류는 거의 없다고 할 수 있다. 앞서 든 예를 보면 삼성과 YG엔터테인먼트를 두고 어느 기업이 하위에 있다고 단정 지을 수는 없다. 왜냐하면 삼성은 주로 전자제품, 증권, 보험, 디스플레이 등 주로 일상생활에서 많이 접할 수 있는 제품을 생산하고 서비스를 제공하는 기업이다. 하지만 YG엔터테인먼트는 연예사업을 하여 대중들에게 음악과 드라마 등 TV에 방영되는 프로그램을 제공하는 기업이기 때문이다. 두 기업은 성격이 다르기 때문에 어느 기업이 더 좋은 기업이라고 단정 지을 수 없고, 각각의 분야에서 높은 순위에 있다고 할 수 있다.

　앞서 살펴본 바와 같이 코스피에는 상장된 기업 수 대비 시가가 높다는 것을 알 수 있다. 하지만 그렇다고 하여 코스피에 상장되어 있는 회사에 투자하는 것이 무조건 좋은 것은 아니며, 계속 설명한 것처럼 주식은 발전 가능성이 있는 기업을 찾아 투자하는 것이 가장 좋다. 발전 가능성이 있는 기업이 어느 주식시장에 상장되어있는지 알 수 없기 때문에 무조건적으로 코스피 시장에 있는 기업에 투자하는 것은 좋지 않다.

코스피와 코스닥에는 여러 회사들이 상장되어 있다. 상장된 여러 회사들은 각각 어떠한 분류로 상장되어 있는지 알아보자. 각각의 기업들이 상장되어 있는 분류는 한국거래소의 분류기준을 참고하였으며 상장기업들은 대한민국 대표 기업공시채널 KIND(kind.krs.co.kr)에 상장법인목록에 나오는 기업들을 작성하였다.

다. 코스피

1) 기업

코스피 계열에 상장되어 있는 기업은 얼마나 될까? 앞서 설명한 자료에 의하면 2023년에 우리나라 증권 시장에 상장된 기업의 수는 약 2천 개로 조사 된 것을 알 수 있다. 한국거래소의 2023년 07월 자료에 따르면 코스피에서 분류되는 업종은 24 가지이고 총 상장되어 있는 기업 수는 834개 이며 그에 따른 종목 수는 953개이다.

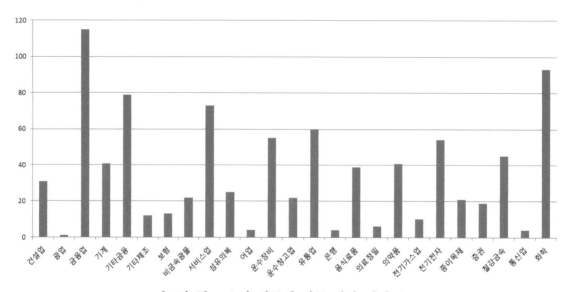

[그림 5] 코스피 업종에 따른 상장 기업 수

위 그림은 한국거래소의 자료를 토대로 그려진 그림이다. 위 그림에는 종목 수는 나타내지 않고 기업 수만 나타낸 것이다. 이중에서 가장 많은 업종으로 상장된 기업은 금융업인데, 코스피에 상장된 기업 834개 중 105개로 약 12%가 금융관련 기업이다. 기타금융까지 합하게 되면 약 21%로 전체 기업의 1/5이 금융계열로 상장되어 있는 것이다. 금융 업종이 많은 이유는 우리는 일상생활에서 매일 경제활동을 하기 때문에 그에 따라 높은 비율을 차지한다고 볼 수 있다. 또한 근래 떠오르고 있는 비트코인을 생각 할 수 있다. 비트코인은 가상화폐로서 온라인상에서 사용 할 수 있는 화폐이며, 이는 물건을 거래하는데 사용되므로 비트코인도 거래를 위한 것이기에 금융업종이 많은 비율을 차지하고 있다. 이렇듯 한 업종이 높은 비율을 차지하는 이유에는 여러 가지 변수가 많다. 다음으로 많은 업종은 화학으로, 화학계열도 우리나라에서 많은 기업들이 상장되어 있으며, 대기업, 대기업의 계열사, 중소기업 등 다양하다. 이 외에도 서비스업, 유통업, 운수장비, 전기전자 등 현재 4차 산업에 맞는 업종들이 많이 상장되어 있다.

한편, 초기 건설업이나 광업, 농업, 어업 등의 1차 산업과 2차 산업의 기업 수는 매우 적다. 어업의 경우에 상장되어 있는 기업이 4개이고, 광업의 경우에는 1개의 기업만이 상장되어 있다. 그만큼 1차 산업과 2차 산업에는 투자하고 있지 않는 것으로 보인다. 이는 우리나라의 발전 과정을 보면 알 수 있다. 우리나라는 빠른 공업화로 발전된 나라이다. 그러므로 공업화 이전에 각광받던 농업이나 어업 등의 1차 산업은 뒤떨어지고, 새롭게 떠오르는 공업에 관심을 가지게 된다. 공업으로 인한 발전이 진행이 되었고 이제는 인터넷으로 하는 업종과 전자제품에 관심을 가지게 되니 그만큼 1차 산업과 2차 산업은 외면되고 있는 것이다.

이러한 기업의 수와 세계시장의 트렌드를 주시하면서 투자를 하는 것도 좋은 방법이다. 현재 세계적으로는 자동화와 인공지능에 초점에 맞춰져 있다. 그에 맞는 기업을 찾아서 투자를 하면 된다는 의미이다. 그렇다고 해서 1차 산업의 종류는 광업 어업 등을 외면해서는 안 된다. 현재 6차 산업이라고 하여 1차, 2차, 3차 산업을 혼합한 새로운 서비스를 제공하는 산업이 떠오르고 있다. 이 6차 산업에 우리나라 정부가 크게 지원을 하고 있으며 해외도 마찬가지 이다. 현재 세계적으로 인공지능과 자동화에 초점이 맞춰져 이러한 산업들이 가려져 있을 뿐 외면해서는 안 되는 것이다.

많은 기업들 중에서 우리가 흔히 알고 있는 대기업이 업종의 주가가 1위라고는 할 수 없다. 앞서 설명했듯이 우리나라에는 엄청난 수의 기업들이 있고 많은 기업들이 모두 상장되어 있지 않다. 즉, 중소기업들도 업종에서 1위의 주가를 가지고 있을 수도 있다. 현재 코스피에 상장되어 있는 기업의 수는 834개 이고 업종 분류는 24개이다. 간단히 생각해보면 24개 기업이 각 업종에서 가장 높은 주가를 보이고 있다고 생각할 수 있지만, 이는 수학적인 것일 뿐 대기업의 계열사를 하나로 보게 되면 24개가 아닐 수도 있다.

또한 상장되어 있는 기업의 수가 834개이고, 그에 따른 종목 수는 953개로 기업의 수보다 119개가 많다. 즉, 그 업종에 상장되어 있는 기업은 1개 일지라도 업종에 맞는 종목은 여러 개가 있다는 것을 의미하며 이는 1개의 기업이 여러 개의 종목을 보유하고 있다고 해석 할 수는 없다.

다음은 각 업종별로 상장되어 있는 기업들을 나열한 것이고, 이 중에서 몇 개의 기업들에 대해 소개하도록 하겠다.

- 금융업

  금융업은 은행, 증권, 보험, 기타금융으로 나뉜다. 각각에 속해 있는 기업들은 금융업에도 속하지만 하위 4가지에 맞는 업종으로도 속한다. 금융업의 기업은 전체 소개하지 않고 4가지로 분류되는 업종에서 소개를 하겠다.

- 화학

  D, DL우, DRB동일, HDC현대EP, KCC, KG케미칼, KPX그린케미칼, KPX케미칼, LG생활건강, LG화학, LX하우시스, NPC, OCI, OCI홀딩스, PI첨단소재, S-Oil, SH에너지화학, SKC, SK이노베이션, SK케미칼, TKG휴켐스, WISCOM, 강남제비스코 경농, 경인양행, 국도화학, 그린케미칼, 극동유화, 금양, 금호석유, 금호타이어, 남해화학, 넥센, 넥센타이어, 노루페인트, 대원화성, 대한유화, 대한화섬, 덕성, 동남합성, 동방아그로, 동아타이어, 동원시스템즈, 동일고무벨트, 락앤락, 롯데정밀화학, 롯데케미칼, 미원상사, 미원에스씨, 미원화학, 미창석유, 백광산업, 백산, 보락, 삼양패키징, 삼영, 삼화페이트, 서흥, 성보화학, 송원산업, 아모레G, 아모레퍼시픽, 애경산업, 애경케미칼, 에이블씨엔씨, 영보화학, 유니드, 율촌화학, 이수스페셜케미컬, 이수화학, 일진다이아, 잇츠한불, 제이준코스메틱, 조광페인트, 조비, 진양산업, 진양폴리, 진양홀딩스, 진양화학, 카프로, 코스맥스, 코스모신소재, 코스모화학, 코오롱인더, 코오롱플라스틱, 태경산업, 태경케미컬, 태광산업, 테이팩스, 토니모리, 한국쉘석유, 한국콜마, 한국타이어앤테크놀로지, 한국화장품제조, 한농화성, 한솔케미칼, 한화, 한화솔루션, 한화우, 화승인더, 효성첨단소재, 효성티앤씨, 효성화학, 후성, 휴비스

- 기타금융

  AK홀딩스, BGF, BNK금융지주, CJ, CS홀딩스, DGB금융지주, F&F홀딩스, GS, HDC, HD한국조선해양, HD현대, HL홀딩스, JB금융지주, JW홀딩스, KB금융, KC그린홀딩스, LG, LS, LS전선아시아, LX홀딩스, SK, SK디스커버리, SK스퀘어, SK우, SNT홀딩스, 경동인베스트, 노루홀딩스, 농심홀딩스, 대덕, 대상홀딩스, 동아쏘시오홀딩스, 두산, 디와이, 롯데지주, 맥쿼리인프라, 맵스리얼티1, 메리츠금융지주, 미원홀딩스, 삼성카드, 삼양홀딩스, 샘표, 서연, 세아제강지주, 스틱인베스트먼트, 신한지주, 에이플러스에셋, 엔에이치스팩19호, 영원무역홀딩스, 카카오페이, 코스맥스비티아이, 코오롱, 쿠쿠홀딩스, 크라운해태홀딩스, 티와이홀딩스, 풍삼홀딩스, 하나금융지주, 하이트진로홀딩스, 한국ANKOR유전, 한국금융지주, 한국앤컴퍼니, 한국자산신탁, 한국전자홀딩스, 한국콜마홀딩스, 한국토지신탁, 한국패러랠, 한미사이언스, 한솔홀딩스, 현대지에프홀딩스, 효성

- 서비스업

  AJ네트웍스, CJ CGV, DB, ESR켄달스퀘어리츠, GKL, IHQ, KB스타리츠, KTcs, KTis, LG헬로비전, NAVER, NHN, NH올원리츠, NH프라임리츠, NICE, SBS, SK디앤

디, SK렌터카, SK리츠, SK바이오팜, YGPLUS, 강원랜드, 갤럭시아에스엠, 넷마블, 녹십자홀딩스, 다우기술, 대교, 대성홀딩스, 더블유게임즈, 더존비즈온, 도화엔지니어링, 동성케미컬, 디앤디플랫폼리츠, 롯데관광개발, 롯데렌탈, 롯데리츠, 롯데정보통신, 마스턴프리미어리츠, 모두투어리츠, 미래아이앤지, 미래에셋글로벌리츠, 미래에셋맵스리츠, 바다로19호, 비상교육, 비케이탑스, 삼성FN리츠, 삼성에스디에스, 삼성엔지니어링, 삼성출판사, 성창기업지주, 스카이라이프, 신세계I&C, 신세계푸드, 신한서부티엔디리츠, 신한알파리츠, 쎌마테라퓨틱스, 쏘카, 아세아, 아센디오, 아시아나IDT, 에스원, 에이리츠, 엔씨소프트, 예스코홀딩스, 용평리조트, 웅진, 웅진씨크빅, 유수홀딩스, 유엔젤, 이노션, 이리츠코크렙, 이스타코, 이지스레지던스리츠, 이지스밸류리츠, 자이에스앤디, 제이알글로벌리츠, 제일기획, 제일파마홀딩스, 지투알, 카카오, 케이탑리츠, 코람코더원리츠, 코람코에너지리츠, 코웨이, 콘텐트리중앙, 콤텍시스템, 쿠쿠홈시스, 크래프톤, 키다리스튜디오, 텔코웨어, 프레스티지바이오파마, 하나투어, 하이브, 한국종합기술, 한미글로벌, 한전기술, 한전산업, 한화리츠, 현대오토에버, 효성ITX

- 유통업

BGF리테일, DI동일, E1, GS글로벌, GS리테일, LS네트웍스, LX인터내셔널, SG세계물산, SJM홀딩스, SK가스, SK네트웍스, STX, 경방, 광주신세계, 교촌에프앤비, 국동, 남성, 대국백화점, 대성산업, 더메디팜, 동서, 롯데쇼핑, 롯데하이마트, 모나미, 삼성물산, 삼영무역, 세기상사, 세우글로벌, 세이브존I&C, 신성통상, 신세계, 신세계인터내셔날, 신송홀딩스, 신일전자, 신풍, 신흥, 아이마켓코리아, 엘브이엠씨홀딩스, 영원무역, 웰바이오텍, 윌비스, 유니퀘스트, 이마트, 이아이디, 이화산업, 인바이오젠, 일신석재, 진도, 케이카, 코오롱모빌리티그룹, 포스코인터내셔널, 플레이그램, 한국화장품, 한샘, 한세엠케이, 한솔PNS, 한창, 한화갤러리아, 현대그린푸드, 현대백화점, 현대코퍼레이션, 현대코퍼레이션홀딩스, 현대홈쇼핑, 혜인, 호텔신라, 휠라홀딩스

- 운수장비

HD현대중공업, HL만도, KG모빌리티, SG글로벌, SJM, SNT다이내믹스, SNT모티브, 금호에이치티, 기아, 대우부품, 대원강업, 대유에이텍, 대창단조, 덕양산업, 동양피스톤, 동원금속, 두올, 디아이씨, 명신산업, 모토닉, 부산주공, 삼성공조, 삼성중공업, 삼원강재, 상신브레이크, 새론오토모티브, 서연이화, 세원정공, 세종공업, 세진중공업, 씨티알모빌리티, 에스엘, 에스엠벡셀, 영화금속, 유성기업, 인지컨트롤스, 인팩, 일진하이솔루스, 지엠비코리아, 체시스, 케이비아이동국실업, 태양금속, 태원물산, 평화산업, 평화홀딩스, 한국무브넥스, 한국항공우주, 한화에어로스페이스, 한화오션, 핸즈코퍼레이션, 현대로템, 현대모비스, 현대미포조선, 현대위아, 현대차, 화승알앤에이, 화승코퍼레이션, 화신

- 전기전자

DB하이텍, KEC, DN오토모티브, HD현대에너지솔루션, HD현대일렉트릭, KEC, KH 필룩스, LG디스플레이, LG에너지솔루션, LG이노텍, LG전자, LS ELECTRIC, LX세미콘, SK아이이테크놀로지, SK하이닉스, 가온전선, 경동나비엔, 경인전자, 광명전기, 광전자, 금호전기, 대덕전자, 대동전자, 대원전선, 대유플러스, 대한전선, 두산퓨얼셀, 드림텍, 롯데에너지머티리얼, 비에이치, 삼성SDI, 삼성전기, 삼성전자, 삼영전자, 삼화전기, 삼화전자, 삼화콘덴서, 선도전기, 성문전자, 세방전지, 솔루스첨단소재, 솔루엠, 신도리코, 신성이엔지, 써니전자, 아남전자, 에이엔피, 엠씨넥스, 와이투솔루션, 이수페타시스, 일진드스플, 일진전기, 자화전자, 주연테크, 코리아써키트, 티에이치엔, 포스코퓨처엠스, 하이트론, 한국단자, 한솔테크닉스, 한화시스템, 해성디에스, 효성중공업, 휴니드

- 철강금속

DSR, DSR제강, KG스틸, KISCO홀딩스, NI스틸, POSCO홀딩스, SHD, SIMPAC, SK오션플랜트, TCC스틸, 고려아연, 고려제강, 금강공업, 남선알미늄, 대양금속, 대창, 대한제강, 대호에이엘, 동국씨엠, 동국제강, 동국홀딩스, 동양철관, 동일산업, 동일제강, 디씨엠, 만호제강, 문배철강, 부국철강, 삼아알미늄, 서원, 세아베스틸지주, 세아제강, 세아특수강, 세아홀딩스, 아주스틸, 알루코, 영풍, 영흥, 이구산업, 조일알미늄, 포스코스틸리온, 풍산, 하이스틸, 한국주철관, 한국철강, 한국특강, 한일철강, 현대비앤지스틸, 현대제철, 화인베스틸, 황금에스티, 휴스틸

- 의약품

JW생명과학, JW중외제약, SK바이오사이언스, 경보제약, 광동제약, 국제약품, 녹십자, 대웅, 대웅제약, 대원제약, 동성제약, 동아에스티, 동화약품, 명문제약, 보령, 부광약품, 삼성바이오로직스, 삼성제약, 삼일제약, 삼진제약, 심풍제약, 에이프로젠바이오로직스, 영진약품, 오리엔트바이오, 유나이티드제약, 유유제약, 유한양행, 이연제약, 일동제약, 일성신약, 일양약품, 제일약품, 종근당, 종근당바이오, 종근당홀딩스, 진원생명과학, 파미셀, 한독, 한미약품, 한올바이오파마, 현대약품, 환인제약

- 기계

HD현대건설기계, HD현대인프라코어, HSD엔진, KC코트렐, LIG넥스원, SNT에너지, STX엔진, STX중공업, TYM, 계양전기, 기신정기, 다스코, 다이나믹디자인, 대동, 대림통상, 두산밥캣, 두산에너빌리티, 디와이파워, 삼익THK, 삼화왕관, 세원이앤씨, 수산중공업, 씨에스윈드, 에이프로젠, 엔케이, 우진시스템, 우진플라임, 이엔플러스, 조선선재, 참엔지니어링, 청호ICT, 큐로, 퍼스텍, 한국주강, 한미반도체, 한신기계, 한온시스템, 현대엘리베이, 화천기계, 화천기공

- 음식료품

CJ씨푸드, CJ제일제당, MH에탄올, SPC삼립, 고려산업, 남양유업, 농심, 대상, 대한제당, 대한제분, 동원F&B, 롯데웰푸드, 롯데칠성, 마니커, 무학, 보해양조, 빙그레, 사조대림, 사조동아원, 사조씨푸드, 사조오양, 사조해표, 삼양사, 삼양식품, 샘표식품, 서울식품, 선진, 오뚜기, 오리온, 우성, 조흥, 크라운제과, 팜스코, 풀무원, 하이트진로, 한성기업, 해태제과식품

- 건설업

DL건설, DL이앤씨, GS건설, HDC랩스, HDC현대산업개발, HJ중공업, HL D&I, 계룡건설, 금호건설, 까뮤이앤씨, 남광토건, 대우건설, 동부건설, 동아지질, 범양건영, 삼부토건, 삼호개발, 수산인더스토리, 신세계건설, 에쓰씨엔지니어링, 우진아이엔에스, 일성건설, 진흥기업, 코오롱글로벌, 한시공영, 한전KPS, 현대건설, 화성산업

- 섬유의복

BYC, F&F, LF, TBH글로벌, 대한방직, 대현, 메타랩스, 방림, 비비안, 성안, 신영와코루, 신원, 쌍방울, 원림, 인디에프, 일신방직, 일정실업, 전방, 태평양물산, 한섬, 한세실업, 한세예스24홀딩스, 형지엘리트, 호전실업

- 비금속광물

KCC글라스, 금비, 대림B&Co, 동양, 벽산, 부산산업, 삼일씨엔에스, 성신양회, 쌍용C&E, 아세아시멘트, 아이에스동서, 유니온, 유니온머티리얼, 제일연마, 조선내화, 태경비케이, 티웨이홀딩스, 한국내화, 한국석유, 한일시멘트, 한일현대시멘트, 한일홀딩스

- 운수창고업

CJ대한통운, HMM, KCTC, KSS해운, 국보, 대한항공, 대한해운, 동방, 동양고속, 세방, 아시아나항공, 에어부산, 인터지스, 제주항공, 진에어, 천일고속, 티웨이항공, 팬오션, 한국공항, 한솔로지스틱스, 한익스프레스, 한진, 한진칼, 현대글로비스, 흥아해운

- 종이목재

SUN&L, 깨끗한나라, 대영포장, 모나리자, 무림P&P, 무림페이퍼, 삼정펄프, 세하, 신대양제지, 영풍제지, 유니드비티플러스, 이건산업, 태림포장, 페이퍼코리아, 한국수풀포장, 한솔제지, 한솔홈데코, 한창제지

- 증권

DB금융투자, NH투자증권, SK증권, 교보증권, 다올투자증권, 대신증권권, 미래에셋증권, 부국증권, 삼성증권, 상상인증권, 신영증권, 유안타증권, 유진투자증권, 유화증

권, 키움증권, 한양증권, 한화투자증권, 현대차증권

- 보험
DB손해보험, 동양생명, 롯데손해보험, 미래에셋생명, 삼성생명, 삼성화재, 코리안리, 한화생명, 한화손해보험, 현대해상, 흥국화재

- 기타제조
KT&G, 삼양통상, 삼익악기, 시디즈, 씨아이테크, 에넥스, 유니켐, 이월드, 제이에스코퍼레이션, 조광피혁, 지누스, 로아스, 퍼시스, 현대리바트, 화승엔터프라이즈

- 전기가스업
SGC에너지, 경동도시가스, 대성에너지, 삼천리, 서울가스, 인천도시가스, 지역난방공사, 한국가스공사, 한국전력

- 의료정밀
덴티움, 디아이, 미래산업, 에스디바이오센서, 우진, 케이씨, 케이씨텍, 한컴라이프케어

- 어업
동원수산, 사조산업, 신라교역

- 통신업
KT, LG유플러스, SK텔레콤, 인스코비, 현대퓨처넷,케이티

- 은행
기업은행, 제주은행, 카카오뱅크

- 광업
HLB글로벌

업종별로 나뉘는 기업들은 위와 같다. 세계적으로 알려진 기업도 있으며 TV광고나 라디오 등에서도 들어봤을 만한 중소기업들도 많이 있다. 각각의 산업들은 대분류된 업종에서 중분류, 소분류로 나뉜다. 나뉘는 기준은 한국표준산업분류를 기준으로 하였다.

업종에 따른 기업의 수와 종목의 수는 별개라고 할 수 있는 것이다. 업종에 맞는 기업의 수는 774개이지만 종목의 수는 887개라고 설명하였다. 그렇다면 업종에 따른 종목은 어떤 비율을 보이고 있을까?

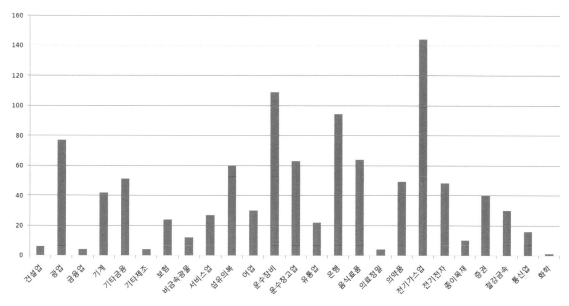

[그림 6] 코스피 업종 분류에 따른 종목 수

코스피 업종 분류에 따른 업종 수는 기업의 개수와는 많이 다르다. 코스피 업종에서 가장 많은 기업이 상장되어 있던 분류는 금융업의 비율이 가장 높았다. 하지만 금융업으로 분류된 업종은 단 4개만 존재한다. 즉 금융업은 4개의 종목만 존재하면 그 종목 분류에 144개의 기업들이 상장되어 있는 것이다. 화학의 경우에는 업종은 단 1개에 불과하다.

코스피 업종 분류에 따른 종목 수에서 가장 많은 것은 전기가스업, 운수장비, 은행 순으로 나타났다. 전기가스업의 종목 수는 전체 코스피 업종 수의 14%를 차지한다. 운수장비는 109개의 종목으로 11%, 은행은 94개의 종목으로 9%로 그 뒤를 이어 높은 비율을 차지한다.

전기가스업은 우리가 흔히 사용하고 있는 가스를 생각하면 된다. 이에 상장된 기업은 한국가스공사, 지역난방공사, 경동가스, 대성에너지 등이 있다. 우리가 난방이나 요리를 할 때 사용하는 가스를 가지고 산업을 하는 것이 전기가스업이라고 할 수 있다.

앞서 언급 하였듯이 우리나라 코스피 시장에서 분류되는 업종은 25가지이며 그에 따른 기업의 개수는 총 774개, 업종의 개수는 887개이다. 업종에 따라 상장된 기업이 많이 있다고 해서 그에 맞는 종목이 많다는 것은 아니다. 이는 앞서 살펴본 표에서 알 수 있는 사실이며, 여러 개의 업종에 많은 기업이 상장되어 있고 많은 종목이 존재하니 자신이 미래에 발전 가능성이 있는 분야를 잘 선택하여 투자를 하면 될 것이다.

2) 시가총액

코스피 시장은 주식이 주로 거래되는 시장이라고 할 수 있다. 그만큼 코스닥 시장에 비해서 거래량도 많고 상장되어 있는 기업도 매우 많다. 많은 수의 기업만큼 분류되는 업종도 매우 다양하다. 전기전자 업종부터 시작해서 금속 유통 제조업 등 은행과 증권도 업종으로 분류되고 있다.

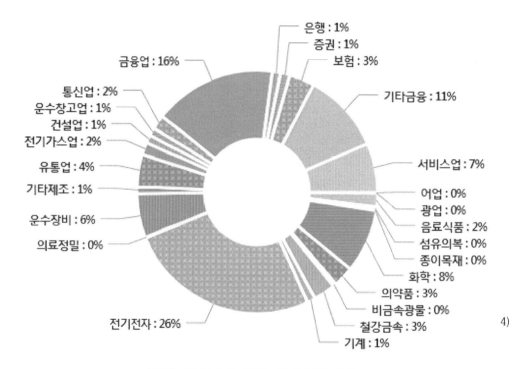

[그림 7] 코스피 업종 시가총액 비율

위 그림은 한국거래소에서 제공하는 코스피 시장의 업종 시가총액의 비율이다. 코스피 시장에서 가장 많은 총액을 차지하는 업종은 전기전자이다. 코스피 시장에서 전기전자제품을 생산하고 판매하는 기업의 총액이 코스피 전체 업종 총액의 42%를 차지하고 있다. 앞서 살펴본 코스피에 상장된 기업 수와 종목 수에 비하면 상당히 높은 비율이다. 이는 삼성 전자를 보면 쉽게 이해 할 수 있다. 삼성전자의 총 주가액수는 200조를 넘는 것을 볼 때, 반도체 강국인 우리나라에 특징에 맞게 반도체와 관련된 전기전자제품을 생산하고 판매하는 기업의 주가가 높다는 것을 알 수 있다. 다음으로 많은 기업이 차지한 것은 금융으로, 마찬가지로 경제활동이 활발하다. 세금이나 기타

---

4) 한국거래소 www.krx.co.kr Marketdate. 2017.12 기준

요금 납부를 하는 과정에서 계좌이체나 자동이체를 많이 사용하고 현금보다는 카드를 많이 사용하는 사람이 많다. 이러한 금융적인 활동이 많아 금융 관련 기업 주가의 비율이 높다고 할 수 있다.

코스피 업종 기가총액 비율을 보면 1차 산업과 2차 산업에 관련된 업종의 총액 비율이 적다. 1차 산업의 어업과 광업은 0%로 거의 없다고 해도 무방하다. 그만큼 1차 산업과 2차 산업의 기업에는 투자하지 않고 있으며, 현재 트렌드에 맞게 투자를 하고 있다고 생각할 수 있다. 건설업과 철강금속도 마찬가지이다. 현재 우리나라의 건설기업과 금속 기업은 건물을 짓거나 금속을 납품하는 회사의 수가 이미 과포화 된 상태이다. 그에 따라서 기업들은 미래를 내다보고 투자를 해야 할 것이다.

기업들은 계속해서 미래에 이득이 될 만한 분야에 투자를 하며 업종을 변경하고 있다. 전기전자 분야는 대기업도 존재 하지만 업종을 변경한 기업도 있을 것이다. 그만큼 우리생활에 전기와 전자는 크게 자리 잡은 상태이다. 우리가 항상 가지고 다니는 휴대폰만 봐도 알 수 있다. 휴대폰은 전기로 충전하여 사용이 되며 전자제품이라고 할 수 있다. 그 외에 컴퓨터도 마찬가지이며 일상생활에서 쓰이는 냉장고, 밥통, 커피포트 등 모두 전기와 전자에 관련되어 있다. 기업들은 계속해서 전자제품의 개발을 진행하고 있고 그만큼 더 좋은 제품을 생산하기 위해 노력하고 있는 것이다. 생활에 밀접한 관련이 있기 때문에 업종을 변경하여 상장한 기업이 있는 것이다. 업종을 변경한 기업은 주시를 하고 차후 투자를 결정하는 것이 좋다.

코스피 시장의 시가총액은 금융과 전기전자 분야가 약 50%를 차지하고 있다. 그만큼 금융 분야와 전기전자분야로 상장되어 있는 기업들의 주가가 높은 것을 의미한다. 우리는 이러한 업종에 관심을 조금 더 가지고 투자를 할 수 도 있다. 하지만 금융과 전기전자분야는 이미 자리 잡혀 있고, 주가도 높기 때문에 투자를 해도 큰 이득을 본다고 할 수는 없다. 주식의 경우에는 미래 가능성을 보고 투자하여 이득을 얻는 것이기 때문이다. 현재는 종목의 시장이 제대로 형성되어 있지는 않지만, 미래에 제대로 크게 형성되어 큰 이익을 본다면 투자를 잘 한 것이라고 할 수 있다. 하지만 금융시장과 전기전자시장은 이미 크게 형성되어 있고, 시장에 따라서 기업들이 점유하고 있는 비율도 거의 굳혀진 상태이다. 그러니 이 두 가지 분야에서 성장 가능한 기업을 찾기는 힘들다.

주식을 투자하기 위해서 꼭 업종 분류를 참고하여 투자할 필요는 없다. 하지만 어느 기업이 어떤 업종으로 분류되어 있는지 알고 있으면 투자에 도움이 될 것이다. 업종 분류 보다는 그 기업이 어떠한 개발과 연구를 진행하고 있으며 그것이 향후 세계 시장에 얼마나 영향을 미칠지 보고 투자하면 더 좋을 것이다.

라. 코스닥

1) 기업

2016년에 증권 시장에 상장된 기업은 코스피보다 코스닥의 기업 수가 더 많았다. 이는 2017년도 다르지 않다. 2017년 12월 증권거래소 자료에 의하면 코스닥에 상장되어 있는 기업은 1,267개 이고 업종 수는 1,270개 이다. 앞서 코스피에서는 회사 수보다 업종의 수가 100개 보다 더 많았는데 코스닥에는 3개만 차이가 나 거의 같다고 할 수 있다. 기업과 업종의 개수는 1,200개가량 되지만 분류되는 업종은 23개 이다.

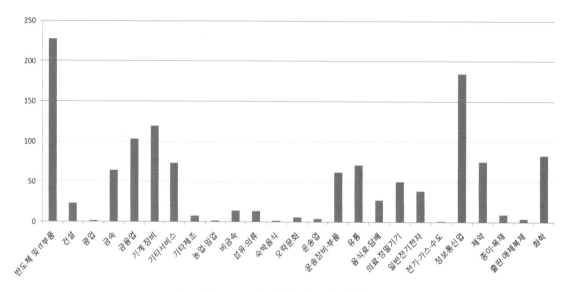

[그림 8] 코스닥시장 업종별 기업 수

위 그림에서 알 수 있는 것은 코스닥과 코스피의 업종이 겹치는 부분도 있지만 다른 업종도 있다는 점이다. 코스닥은 장외거래 주식시장이기 때문에 코스피에 있는 종목이 없을 수도 있다. 코스닥 시장에서 가장 많은 기업이 상장되어 있는 종목은 반도체 및 IT부품, 정보통신업 순이다. 코스닥 시장에는 우리나라가 반도체·IT 강국인 성격에 맞게 반도체 업종과 IT부품 업종에 가장 많은 기업이 상장되어 있다. 반도체·IT로 분류된 기업은 총 239개의 기업으로 전체의 14%를 차지하고 있다.

우리나라 반도체 산업은 뛰어나다. 현재 반도체 시장에서 우리나라는 높은 점유율을 보유하고 있다. 그만큼 반도체의 품질이 좋고 서비스가 좋아 여러 나라에 수출하고 있다. 많은 기업들이 반도체 산업에서 많은 이익을 얻고 있으며 그만큼 높은 이익을 얻고 있다. IT부품도 마찬가지다. 현재 TV나 냉장고 등의 여러 가전제품에서 인터넷이 가능한 사물인터넷서비스를 제공하고자 하는 움직임이 활발하여 IT부품 업종으로 상장된 기업이 많다.

코스닥에는 코스피에는 보이지 않는 업종들이 많이 있다. 정보통신업, 출판•매체복제 등 산업적으로 구성되어 있는 코스피의 업종들과 달리 코스닥에는 여러 분야의 업종이 있다. 주로 우리 생활의 레져, 여가, 취미 등에서 볼 수 있는 엔터테인먼트, 인터넷, 의료, 컴퓨터관련 업종 등은 코스피 업종에서는 볼 수 없었던 업종들이다. 물론 제약, 화학, 금속 운송장비 등 몇몇 종목은 겹치는 업종도 있지만 대부분은 겹치지 않는 종목이 많이 있다.

코스닥에 상장되어 있는 업종을 살펴보면 주로 현재 이루어지고 있는 4차 산업 혁명과 관련된 업종이 대다수이며, 이외에는 인공지능 및 사물인터넷 관련된 인터넷 분야가 많다. 4차 산업 혁명과 관련하여 반도체, IT부품, 기계•장비 분야가 있으며 인공지능 및 사물인터넷 관련해서는 정보통신업이 있다. 장외 시장임에도 불구하고 미래지향적인 업종들이 많이 있으며 주로 우리가 일상생활에서 받고 있는 서비스나 사용 제품에 관련된 업종이 많다. 또한 미래에 각광받을 만한 서비스와 제품을 생산하는데 관련된 업종들도 많다.

코스닥 시장에는 주로 미래지향적인 서비스와 제품에 관련된 업종이 포진하고 있다. 미래에 무엇이 떠오르는지 예측만 할뿐이지 정확하게 알 수 없어 코스닥 시장이 고위험고수익(High Risk High Return)이다. 미래를 생각하여 제품을 만들고 서비스 제공을 위해 노력했지만 발전하지 못할 수도 있기 때문에 위험도가 높은 것이다. 따라서 그만큼 위험을 감수하고 투자를 실행하게 되면 높은 수익이 돌아온다. 반면, 미래를 보고 자신의 돈을 투자하였지만 미래는 불투명하기 때문에 큰 손해를 입을 수 있다.

코스닥 시장에는 고위험고수익에 해당하는 업종들이 있다. 모든 업종이 고위험고수익인 것은 아니다. 반도체나 IT부품의 경우에는 고위험고수익이 아니라고 할 수 있지만 맞다고 할 수도 있다. 이 두 업종은 이미 시장이 자리 잡혀 있고, 우리나라에서 높은 비율로 시장을 점유하고 있기 때문이다. 그러나 이 두 업종의 시장을 우리나라가 높은 비율로 점유하고 있어도 언제 하락할지 모르는 불투명성이 존재하기 때문에 두 업종 역시 고위험고수익이라고 할 수도 있는 것이다.

코스닥 시장은 코스피 시장에 비해서 규모가 작은 반면, 규모가 크게 다르지 않은 기업들도 있다. 코스피 시장에 상장된 기업보다 시가총액이 높기도 하고 주가가 높은 기업도 있다. 따라서 코스닥 시장에 상장되어 있다고 해서 코스피 시장의 기업보다 가치가 낮다고는 할 수 없다. 코스닥 시장에 어떤 기업들이 현재 상장되어 있는 기업들은 다음과 같다.

- 반도체 및 IT부품

  반도체 및 IT 부품 반도체 부품이 들어가는 많은 업종이 들어가 있어 통신 및 방송 장비 등 영상과 음향 관련 장비 제조로 중분류 되는 업종도 포함하고 있다.

  AP위성, CS, EMW, ISC, ITX엠투엠, KH바텍, RFHIC, S&K폴리테그 SFA반도체, SKC솔믹스, TJ미디어, 가온미디어, 감마누, 기산텔레콤, 나무가, 네패스, 넥스트바이오홀딩스, 넥스트칩, 뉴인텍, 뉴프렉스, 다믈멀티미디어, 다산네트웍스, 대성엘텍, 대주전자재료, 덕산네오룩스, 덕우전자, 동운아나텍, 동일기연, 디스플레이텍, 디에이피, 디엠티, 디지아이, 딜리, 라이트론, 레이젠, 루멘스, 루미마이크로, 리노공업, 마이크로컨텍솔, 매직마이크로, 멜파스, 모다, 모다이노칩, 모베이스, 모아텍, 미동앤씨네마, 미코, 바른전자, 바른테크놀로지, 바이오로그디바이스, 바이오스마트, 백금T&A, 블루콤, 비덴트, 비에이치, 빅솔론, 빛샘전자, 사파이어테크놀로지, 삼본정밀전자, 삼영이엔씨, 삼우엠스, 삼지전자, 삼진, 삼진엘앤디, 상보, 상신전자, 새로닉스, 서울반도체, 서원인텍, 서진시스템, 선익시스템, 성우진자, 성우테크론, 성호전자, 세미콘라이트, 세진티에스, 솔루에타, 슈프리마, 스카이문스테크놀로지, 시그네틱스, 시너지이노베이션, 시노펙스, 실리콘웍스, 심텍, 쏠리드, 시엔플러스, 씨티엘, 아나패스, 아리온, 아모텍, 아바텍, 아비코전자, 아이디스, 아이리버, 아이쓰리시스템, 아이씨케이, 아이앤씨, 아이에이, 아이엠, 아이엠텍, 아이컴포넌트, 아진엑스텍, 알비케이이엠디, 알에스오토메이션, 알에프세미, 알에프텍, 알엔투테크놀로지, 알파홀딩스, 액트, 어보브반도체, 에스디시스템, 엑스맥, 에스앤에스텍, 에스코네그 에스텍, 에스티큐브, 에이디테크놀로지, 에이스테크, 에이치엔티, 에이텍, 에이텍티앤, 에이티세미콘, 에이프로젠H&G, 에임하이, 에치디프로, 에프알텍, 에프앤리퍼블릭, 에프에스티, 엔시트론, 엔알케이, 엘디티, 엘비세미콘, 엘컴텍, 엠씨넥스, 엠케이전자, 연이정보통신, 오디텍, 오이솔루션, 오킨스전자, 옵토팩, 옵티시스, 와이솔, 와이엠씨, 와이제이엠게임즈, 우리넷, 우리로, 우리이앤엘, 우주일렉트로, 월덱스, 웨이브일렉트로, 윈팩, 유니온커뮤니티, 유비쿼스, 유아이디, 유아이엘, 유테크, 유티아이, 육일씨엔에쓰, 이그잭스, 이노와이어리스, 이노인스트루먼트, 이녹스첨단소재, 이라이콤, 이랜텍, 이미지스, 이엘케이, 이엠텍, 이트론, 인지디스플레, 인콘, 인탑스, 인티엠, 인터플렉스, 인텔리안테크, 인포마크, 일야, 장원테크, 제이스테판, 제이엠티, 제주반도체, 젬백스테크놀러지, 지디, 지스마트글로벌, 지엠피, 지트리비앤티, 캠시스, 케이엠더블유, 코맥스, 코위버, 코콤, 코텍, 큐에스아이, 크로바하이테그 크루셜텍, 타이거일렉, 태양씨앤엘, 테라셈, 텔레칩스, 텔레필드, 텔콘, 토비스, 토필드, 트레이스, 트루윈, 티엘아이, 팅크웨어, 파버나인, 파이오링크, 파인디엔씨, 파인디지털, 파인테크닉스, 파인텍, 파트론, 푸른기술, 피델릭스, 피에스엠씨, 픽셀플러스, 하나마이크론, 하나머티리얼즈, 한국컴퓨터, 한양디지텍, 한프, 현대아이비티, 현대통신, 현우산업, 홈캐스트, 휘닉스소재, 휴맥스

- 정보통신업

CJ E&M, CJ오쇼핑, JYP Ent., KG모빌리언스, KG이니스시, KMH, KNN, KTH, NEW, NE능률, NHN벅스, NHN한국사이버결제, NICE평가정보, SBI핀테크솔루션, SBS콘텐츠허브, SGA, SGA솔루션즈, SM C&C, THE E&M, YTN, iMBC, 가비아. 갤럭시아컴즈, 골프존, 나이스정보통신, 네이디안에크놀로지, 네이블커뮤니케이션즈, 넥스지, 넥스트리밍, 넥슨지티, 넵튠, 넷게임즈, 누리텔레콤, 닉스테크, 다나와, 다날, 대신정보통신, 대아티아이, 대원미디어, 더블유게임즈, 데브시스터즈, 데이터솔루션, 덱스터, 드래곤플라이, 디림시큐리티, 디앤씨미디어, 디지틀조선, 라온시큐어, 레드로버, 로지시스, 룽투코리아, 링네트, 메가스터디, 모비일리더, 모비일어플라이언스, 모비스, 미래테크놀로지, 미스터블루, 미투온, 민앤지, 바른손이앤에이, 브레인콘텐츠, 브리지텍, 비즈니스온, 비트컴퓨터, 사람인에이치알, 삼화네트웍스, 선데이토즈, 세종텔레콤, 셀바스AI, 소리바다, 솔트웍스, 쇼박스, 수산아이앤티, 스튜디오드래곤, 스포츠서울, 시큐브, 신스타임스, 쌍용정보통신, 썸에이지, 씨그널엔터테인먼트그룹, 씨씨에스, 아시아경제, 아이오케이, 아이지스시스템, 아이크래프트, 아이테센, 아프리카TV, 안랩, 알서포트, 알티캐스트, 액션스퀘어, 액토즈소프트, 에스넷, 에스엠, 에스트래픽, 에프엔씨엔터, 엑셈, 엔지스테크널러지, 엔터메이트, 엔텔스, 엠게임, 예림당, 오상자이엘, 오픈베이스, 옴니텔, 와이디온라인, 와이지엔터테이인먼트, 웹젠, 위메이드, 윈스, 유비벨록스, 유비케어, 이글루시큐리티, 이니텍, 이루온, 이매진아시아, 이스트소프트, 이씨에스, 이에스브이, 이지웰페어, 이크레더블, 이퓨쳐, 인성정보, 인포바인, 인포뱅크, 인프라웨어, 인피니트헬스케어, 전파기지국, 정원엔시스, 제이웨이, 조이맥스, 조이시티, 지니뮤직, 지니언스, 지란지교시큐리티, 지어소프트, 지와이커머스, 초록뱀, 칩스앤미디어, 컴투스, 케이사인, 케이씨에스, 케이시티, 케이아이이엔엑스, 케이엘넷, 코나아이, 코닉글로리,큐로컴, 큐브엔터, 키이스트, 텍셀네트컴, 토탈소프트, 투비소프트, 티비씨, 파수닷컴, 파티게임즈, 팍스넷, 팬엔터테인먼트, 펄어비스, 포시에스, 퓨전데이타, 퓨처스트림네트웍스, 플랜티넷, 플레이위드, 필링크, 한국경제TV, 한국전자인증, 한국정보인증, 한국정보통신, 한글과컴퓨터, 한네트, 한빛소프트, 한솔시큐어, 한솔인티큐브, 한일네트웍스, 한컴MDS, 한컴시큐어, 한컴지엠디, 핸디소프트, 현대정보기술

- 기계·장비

3S, AP시스템, DMS, GST, HB테크놀러지, TPC, 고려반도체, 고영, 기가레인, 나라엠앤디, 넥스틴, 뉴로스, 뉴파워프라즈마, 대동기어, 동아엘텍, 동양피엔에프, 디바이스이엔지, 비에스케이, 디에스티로봇, 디에이테크놀로지, 디엠씨, 디이엔티, 디케이락, 로보스타, 리드, 맥스로텍, 미래컴퍼니, 베셀, 브이원텍, 비디아이, 비아트론, 비에이치아이, 비엠티, 서암기계공업, 서연탑메탈, 수성, 스맥, 스페코, 싸이맥스, 썬코어, 쎄미시스코, 씨아이에스, 아바코, 아세아텍, 아이씨디, 아이윈스, 야스, 에너토크, 에버다임, 에스앤더블류, 에스에프에이, 에스엔유, 에스엔텍, 에스엠코어, 에스티아이, 에쎈테크, 에이치케이, 에이테크솔루션, 에이티테크놀러지, 에프엔에스테크, 엑시콘, 엔에

스, 엘아이에스, 엘오티베큠, 엠플러스, 영우디에스피, 영풍정밀, 에스티, 와이아이케이, 우림기계, 원익IPS, 웰크론한텍, 위지트, 유니셈, 유니슨, 유니테스트, 유지인트, 유진로봇, 유진테크, 이엠코리아, 이오테크닉스, 인베니아, 인터볼스, 인텍플러스 일신바이오, 제너셈, 제우스, 제이브아엠, 제이스텍, 제이엔케이히터, 제이티, 젬백스, 조광ILI, 주서엔지니어링, 진성티이씨, 케이맥, 케이에스피, 코디엠, 코미코, 크레아플래닛, 탑엔지니어링, 테라세미콘, 테스, 테크윙, 톱텍, 파라텍, 팬스타엔터프라이즈, 프로텍, 피에스케이, 피엔티, 필옵틱스, 한국정밀기계, 한국테크놀로지, 한일진공, 화성밸브, 화신테크, 흥국, 힘스

- 금융업

APS홀딩스, CNH, DSC인베스트먼트, GRT, IBKS제3호스팩, IBKS제5호스팩, IBKS제6호스팩, IBKS제7호스팩, IBKS제8호스팩, SBI인베스트먼트, SK3호스팩, 게이빌, 골든브릿지제3호스팩, 골든브릿지제4호스팩, 골든센츄리, 골프존뉴딘, 교보5호스팩, 교보7호스팩, 교보비엔케이스펙, 글로벌에스엠, 글로벌텍스프리, 네오위즈홀딩스, 대성창투, 대신밸런스제4호스팩, 덕산하이메탈, 동부스팩3호, 동부스팩5호, 동부제4호스팩, 로스웰, 매일홀딩스, 메이슨캐피탈, 미래에셋대우스팩1호, 미래에셋제3호스팩, 미래에셋제5호스팩, 부방, 비츠로테크, 슈프리마에이치큐, 신영스팩2호, 신영스팩3호, 신한제3호스팩, 신한제4호스팩, 심텍홀딩스, 씨케이에이치, 아이디스 홀딩스, 에스앤씨엔진그룹, 에이치엠씨3호스팩,에이티넘인베스트, 엔에이치스팩10호, 엔에이츠스팩11호, 엔에이치스팩12호, 엔에이치스팩7호, 엠벤처투자, 오가닉티코스메틱, 오텍, 완리, 우리기술투자, 우리산업홀딩스, 원익홀딩스, 유비쿼스홀딩스, 유안타제2호스팩, 유진스팩3호, 유진에이씨피씨스팩2호, 이건홀딩스, 이녹식 이베스트스팩3호, 이베스트투자증권, 이스트아시아홀딩스, 인터파크홀딩스, 잉글우드랩, 제미니투자, 제이콘텐트리, 제일홀딩스, 차이나그레이트, 차이나하오란, 케이비드림3호스팩, 케이비제10호스팩, 케이비제11호스팩, 케이비제8호스팩, 케이비제9호스팩, 큐캐피탈, 크리스탈신소재, 키움스팩3호, 키움스팩4호, 티에스인베스트먼트, 푸른저축은행, 하나금융10호스팩, 하나금융7호SPAC, 하림홀딩스, 하이에이아이1호스팩, 하이제3호스팩, 한국4호스팩, 한국제5호스팩, 한국제6호스팩, 한국제6호스팩, 한국캐피타르 한화수성스팩, 한화에이스스펙2호, 한화에이스스팩3호, 한화에이스스팩4호, 형셩그룹, 홈센타홀딩스, 휴맥스홀딩스, 휴온스글로벌

- 화학

CSA코스믹, HRS, KCI, KJ프리텍, KMH하이텍, SKC코오롱PI, SK머티리얼즈, SK바이오랜드, 나노, 나노신소재, 나노캠텍, 네오팜, 네패스신소재, 뉴보텍, 대정화금, 대진디엠피, 동성화인텍, 동아화성, 동진쎄미켐, 디엔에프, 라이온켐텍, 램테크놀러지, 리더스코스메틱, 리켐, 메카로, 미래나노텍, 바이오빌, 보령메디앙스, 상아프론테크, 세화피앤씨, 솔브레인, 스킨앤스킨, 스타플렉스, 신화인터텍, 씨큐브, 씨티케이코스메틱

스, 아우딘퓨처스, 앤디포스, 에스디생명공학, 에스에프씨, 에스폴리텍, 에이씨티, 에코프로, 에프티이앤이, 엠피케이, 엘티씨, 연우, 오공, 오성엘에스티, 오션브릿지, 와이엠티, 와토스코리아, 원익머트리얼즈, 원풍, 우노앤컴퍼니, 유니더스, 웹스, 위노바, 이엔에프테크놀로지, 잉크테크, 정산애강, 제닉, 제이씨케미칼, 케이앤더블유, 케이피엠테크, 켐트로닉스, 켐트로스, 코디, 코리아나, 코스메가코리아, 코스온, 코이즈, 코프라, 클리오, 프럼파스트, 티케이케미칼, 퍼시픽바이오, 한국알콜, 한국큐빅, 한솔씨엔피, 한일화학, 효성오앤비

- 제약

CMG제약, JW제약, KPX생명과학, 강스템바이오텍, 경남제약, 경동제약, 고려제약, 나이벡, 녹십자셀, 녹십자엠에스, 대봉엘에스, 대성미생물, 대한뉴팜, 대한약품, 대화제약, 동국제약, 디에이치피코리아, 메디톡스, 메디포스트, 메타바이오메딕 바이텍메드, 바이넥스, 바이오니아, 비씨월드제약, 삼아제약, 삼천당제약, 서울제약, 세운메디칼, 셀루메드, 셀트리온, 셀트리온제약, 신신제약, 신일제약, 쎌바이오텍, 씨젠, 아스타, 안국약품, 안트로젠, 애니젠, 앱클론, 에스텍파마, 에스티팜, 에이티젠, 액세스바이오, 오스코텍, 우진비앤지, 이수앱지스, 인트론바이오, 제노포커스, 제일바이오, 조아제약, 중앙백신, 진양제약, 치바이오텍, 케어젠, 코미팜, 코아스템, 코오롱생명과학슬마비앤에이치, 테고사이언스, 테라젠이텍스, 티슈진, 파나진, 팬젠, 펩트론, 퓨처켐, 프로스테믹스, 피씨엘, 하이텍팜, 한스바이오메드, 화일약품, 유마시스, 휴메딕스, 휴온스, 휴젤

- 기타서비스

C&S자산관리, GMR 머티리얼즈, KG ETS, SCI평가정보, 고려신용정보, 나스미디어, 나이스디앤비, 내츄럴엔도텍, 녹십자랩셀, 디엔에이링크, 디지털대성, 디티앤씨, 랩지노믹스, 레고켐바이오, 레드캡투어, 마크로젠, 멀티캠퍼스, 메가스터디교육, 메가엠디, 메지온, 모두투어, 바이로메드, 바이오리더스, 바이오톡스텍, 성도이엔지, 세중, 솔본, 시공테크, 신라섬유, 신라젠, 씨엠에스에듀, 씨트리, 아이진, 아이텍반도체, 알테오젠, 에이치시티, 에이치엘비생명과학, 에코마케팅, 엠지매드, 오로라, 오르비텍, 오리콤, 우정비에스씨, 유바이오로직스, 유진, 와이비엠넷, 와이엔텍, 이엑스티, 이엠넷, 인선이엔티, 인크로스, 자연과환경, 정상제이엘에스, 제넥신, 지엘팜텍, 진매트릭스, 참좋은여행, 청담러닝, 컬러레이, 켐온, 코아시아홀딩스, 코엔텍, 큐리언트, 크리스탈, 테스나, 포스코ICT, 하이셈, 한국기업평가, 한국전자금융, 한국코퍼레이션, 한영이엔지, 해성산업, 희림

- 유통업

CJ프레시웨이, EG, MP그룹, MP한강, SDN, YW, 골드퍼시픽, 그랜드백화점, 글로본, 넥스트BT, 녹원씨아이, 뉴프라이드, 다우데이타, 대명코퍼레이션, 대한과학, 도이

치모터스, 디에스티, 라이브플렉스, 리노스, 리드코프, 매커스, 메디프론, 바이온, 버추얼텍, 보라티알, 삼천리자전거, 서린바이오, 서부T&D, 서울옥션, 서플러스글로벌, 셀트리온헬스케어, 소프트센, 씨티씨바이오, 아가방컴퍼니, 아미노로직스, 아이에스이커머스, 아이즈비전, 에스아이티글로벌, 에이에이엠티, 에이디칩스, 에이치엘비파워, 엔에스엔, 엠젠플러스, 영인프런티어, 예스24, 와이오엠, 원익, 원익큐브, 워즈포크, 유니트론텍

- 금속

PN풍년, SIMPAC Metal, 갑을메탈, 경남스틸, 광진실업, 국일신동, 금강철강, 누리플랜, 대공금속, 대동스틸, 대륙플랜, 대창솔루션, 대호피앤씨, 덕신하우징, 동국S&C, 동국산업, 동양에스텍, 동일금속, 동일철강, 디케이디앤아이, 보성파워텍, 부스타, 삼강엠앤티, 삼목에스폼, 삼보산업, 삼영엠텍, 삼원테크, 삼현철강, 성광벤드, 세명전기, 스틸플라워, 승일, 신진에스엠, 썬텍, 쎄니트, 에스와이패널, 연진금속, 와이지-원, 원일특강, 웰크론강원, 윈하이텍, 이더블류케이, 제낙스, 제룡산업, 제일제강, 제일테크노스, 케이피에프, 케이피티, 코리아에스이, 코센, 태광, 태양, 태웅, 티플랙스, 포메탈, 포스코엠텍, 풍광, 피제이메탈, 하이록코리아. 한국선재, 한솔신텍, 한창산업, 현진소재

- 운송장비•부품

KB오토시스, SG&G, 경창산업, 광림, 광진윈텍, 구영테크, 네오오토, 네오티스, 텍센테크, 대성파인텍, 대원산업, 대양전기공업, 동방선기, 두올산업, 디젠스, 모트렉스, 삼기오토모티브, 삼보모터스, 샘코,서연전자, 서진오토모티브, 성우하이텍, 성청오토넥, 세동, 세원, 세원물산, 쎄트렉아이, 아진산업, 아스트, 알톤스포츠, 에이치엘비, 에스제이케이, 에코플라스틱, 엔브이에이치코리아, 엠에스오토넥, 영화테크, 오리엔탈정공, 오리엔트공정, 오스템, 우리산업, 우수AMS, 유니크, 이원컴포텍, 이젠텍, 인화정공, 일지테크, 중앙오션, 청보산업, 캐스텍코리아, 케이프, 코다코, 코리아에프티, 티피씨글로벌, 평화정공, 하이즈항공, 한라IMS, 한일단조, 해덕파워웨이, 현대공업 화신정공, 화진

- 의료•정밀기기

나노스, 나노엔텍, 넥스트아이,디알테구, 디오, 디지털옵틱, 레이언스, 로고스바이오, 로트로닉, 마이크로프랜드, 메이다나, 멕아이씨에스, 바텍, 뷰윅스, 빅텍, 삼양옵틱스, 세코닉스, 셀바스헬스케어, 솔고바이오, 시스웍, 씨유메디칼, 아이쎈스, 에스에이티, 엘앤케이바이오, 엘엠에스, 오스템임플란트, 옴니시스템, 옵트론텍, 유앤아이, 이디, 이엘피, 이즈미디어, 인바디, 인터로조, 인트로메딕, 재영솔루텍, 코렌, 코렌텍, 코메론, 클래시스, 텔루스, 티에스이, 파크시스템스, 폭스브레인, 피에스텍, 피제이전자. 하이로닉, 하이비젼시스템, 해성옵틱스, 휴비츠

- 일반전기전자

 DB라이텍, UCI, 다원시스, 대유의니아, 대한광통신, 동양이엔피, 로보로보, 로체시스템즈, 비츠로셀, 비츠로시스, 상신이디피, 서울전자통신, 서전기전, 서호전기, 신성델타테크, 심화콘텍, 신흥에스이씨, 아트라스BX, 에스씨디, 에스에너지, 에스피지, 엘앤에프, 우리기술, 우리이티아이, 우리조명, 위닉스, 유라테크, 이화전기, 자이글, 제룡전기,지엔씨에너지, 쿠첸, 파루, 파세코, 파워로직스, 프리엠스, 피앤씨테크, 피앤이솔루션, 하츠

- 음식료•담배

 국순당, 네이처셀, 뉴트리오바이텍, 대주산업, 동우팜투테이블, 매일유업, 미래생명자원, 신라에스지, 아미코젠, 에이치엘사이언스, 엠에스씨, 이지바이오, 정다운, 진로발효, 진바이오텍, 창해에탄올, 체리부로, 케이씨피드, 팜스토리, 푸드웰, 풍국주정, 하림, 한국맥널티, 한일사료, 한탑, 현성바이탈, 흥국엔프엔비

- 건설업

 KCC건설, KD건설, KT서브마린, 국보디자인, 금화피에스시, 남화토건, 대원, 동신건설, 동원개발, 삼일기업공사, 서한, 서희건설, 세보엠이씨, 시원종합개발, 에코바이오, 엑사이엔씨, 우원개발, 이테크건설, 이화공영, 일경산업개발, 일진파워, 특수건설, 포워드컴퍼니스

- 비금속

 고려시멘트, 국영지앤엠, 동국알앤에스, 동양파일, 모헨즈, 미래SCI, 삼표시멘트, 서산, 쎄노텍, 원익QnC, 유진기업, 티씨케이, 포스코컴텍, 행남자기

- 섬유•의류

 GH신소재, 데코앤이, 아즈텍WB, 에스마크, 에스티오, 원풍물산, 웰크론, 좋은사람들, 지엔코, 케이엠, 코데즈컴바인, 코웰패션, 형지I&C

- 종이•목재

 국일제지, 대림제지, 대양제지, 동화기업, 무림SP, 상륭물산, 삼보판지, 크린앤사이언스, 한국팩키지

- 기타제조

 디케이, 서울리거, 손오공, 슈피겐코리아, 에스엔피월드, 에이스침대, 우성아이비, 제이에스티나

- 오락문화

마제스타, 에머슨퍼시픽, 이에스에이, 파라다이스, 판타지오, 화이브라더스코리아

- 출판·매체복제
  로엔, 양지사, 에프엔씨애드컬쳐, 제이엠아이

- 운송업
  W홀딩컴퍼니, 삼일, 선광, 유성티엔에스

- 농업·임업
  농우바이오, 우리손에프앤지

- 광업
  보광산업, 에스아이리소스
- 숙박·음식
  디딤, 바른손

- 전기·가스·수도
  지에스이

코스닥 시장에는 많은 기업들이 상장되어 있다. 대분류로만 분류하여도 25가지로 나뉘지만 중분류와 소분류까지 하게 되면 더 많은 업종으로 분류가 된다. 가장 많은 기업이 상장된 업종은 반도체 및 IT부품이다. 다음으로는 정보통신업, 기계·장비, 금융업 순이다.

이렇게 많은 기업들이 코스닥 시장에 상장되어 성장하고 있다. 코스피 시장의 종목 수는 앞서 언급하였듯이 기업 수와 종목의 수가 차이가 있었다. 하지만 코스닥 시장 에서는 기업의 수와 종목의 수가 거의 같다. 종목의 수가 기업의 수보다 4개 더 많 다. 금속 업종에서 기업의 수보다 종목의 수가 4개 더 많아서 코스닥 시장의 전체 기 업 수는 1,652개 이지만 업종 수는 1,656개 이다.

그렇다면 코스닥 시장의 업종의 수에 대해서 좀 더 설명하도록 하겠다.

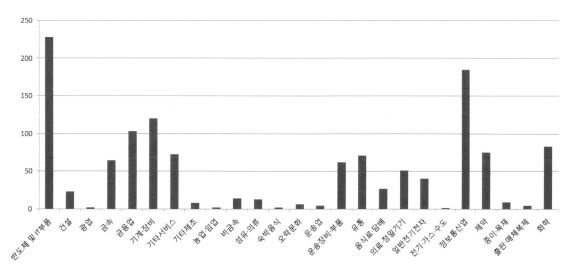

[그림 9] 코스닥 시장 업종 별 종목 수

코스닥 시장의 종목 수의 그림을 보면 기업수와 동일하다. 이는 코스닥 시장을 업종별로 분류하였을 때 시업의 수와 종목의 수가 3개가 차이나기 때문이다. 의료•정밀기기, 기계•장비, 일반전기전자 분야가 각각 한 개씩 더 많게 되는 것이다. 코스닥 시장에서는 그 종목이 그 기업이라고 생각하면 된다. 거의 동일하기 때문에 코스닥 시장에서 어느 기업을 찾아 투자하는 것은 더 쉽다. 어떤 업종을 투자하기 위해서 검색하면 기업이 바로 나오기 때문에 자신이 투자하고자 하는 기업을 찾기 쉬운 것이다.

2) 시가총액

코스닥 시장에는 코스피보다 더 많은 회사들이 상장되어 있지만 코스피보다는 전체적으로 시가 총액이 낮다. 이는 앞서 설명한 이유처럼 코스닥에는 주로 중소기업과 벤처기업이 많이 상장되어 있기 때문이다. 중소기업과 벤처기업들은 대기업에 비해서 자금이 차이가 많이 나고 있으며, 두 시장에서 1위를 차지하는 기업도 자금 차이가 있는 것을 예상할 수 있다. 코스피 시장에서 시가총액 1위인 삼성전자는 총 200조를 넘지만 코스닥 시장의 시가총액 1위인 셀트리온은 50조도 채 되지 않는다. 셀트리온은 중소기업이라고 하기에는 시가총액이 많아 대기업으로 불리고 있다. 이렇게 대기업들도 시가총액을 통해 자금이 차이나는 것을 예상할 수 있다.

그렇다면 코스닥 시장의 업종별 시가총액은 어떠한지 알아보도록 하자.

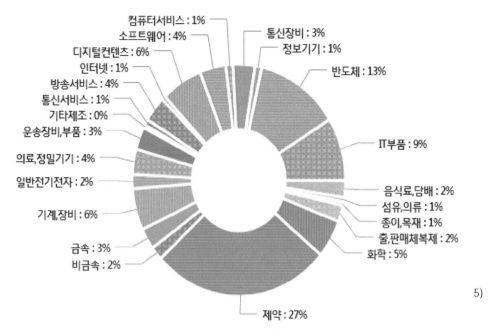

[그림 10] 코스닥 업종 시가총액 비율

코스닥 업종에서는 제약업종이 전체 코스닥 시장의 30% 가까이 시가총액을 차지하고 있다. 그 중 코스닥 시장 1위인 셀트리온은 제약회사에서 가장 잘 알려진 큰 기업이며, 이 외에도 코스닥 시장에서 시가총액으로 순위를 매겼을 때 상위에 제약회사가 많이 있는 것을 알 수 있다. 두 번째로는 반도체 업종이 높은 비율을 차지하고 있으며 두 업종이 코스닥 시장의 40%의 시가총액을 차지하고 있다. 이러한 내용을 바탕으로 코스닥 시장에서 상위 50위의 기업들을 살펴보면 제약 관련 회사와 반도체 회사가 많은 것을 알 수 있으며 두 업종 제외하고는 게임회사가 뒤를 따른다.

코스닥 시장에 상장된 여러 게임 회사들 중 펄어비스가 가장 높은 시가총액을 보유하고 있다.(2023.07. 기준) 이는 또한 코스닥 시장 전체에서도 10위 이내에 든다. 펄어비스 이외에도 여러 게임 회사들이 상장되어 있지만, 제약과 반도체 업종 기업들의 시가총액이 너무 많아 두 업종에 비하면 시가총액이 적다. 제약과 게임 각각의 1위 기업의 시가총액을 살펴보면 제약 1위인 셀트리온은 약 21조 원이고, 게임 업종 1위인 펄어비스는 약 3조 원으로 셀트리온은 펄어비스의 약 7배 정도의 시가총액을 보유하고 있다.(2023년 07월 기준)

이는 현재 우리나라에는 게임시장보다 제약시장이 더 활발하게 이루어지고 있다는 것을 의미하고 있다. 게임의 경우에는 10대부터 시작해서 30대 까지 관심을 가지고

---

5) 한국거래소 www.krx.co.kr Marketdate. 2017.12 기준

있으며 40대, 50대도 관심을 가지고 있는 사람이 많다. 하지만 체감 상 적게 와 닿는 제약부분이 더 활발한 이유는 바로 우리의 삶에 큰 영향을 끼치기 때문이다. 제약의 경우에는 우리의 몸이 아프거나 이상이 생겼을 때 필요한 의약품 생산과 관련된 부분 이기에 더 크게 성장 했을 수밖에 없다. 반면 게임의 경우에는 우리가 스트레스 해소 혹은 취미를 목적으로 하고 있기 때문에 제약보다 상대적으로 덜 밀접해 있다. 또한 직접적으로 제약과 관련된 부분이 체감 상으로만 덜 할 뿐, 제약회사들도 활발하게 개발과 연구를 진행하며 국내나 국외에서 많은 제품을 생산하며 판매하고 있다. 특히 수명주기가 늘어나면서 의학이나 생명공학에 관한 투자와 관심이 증가할 것이다.

앞서 언급 했듯이 국내 코스닥 시장에는 제약과 반도체 업종이 많은 시가총액을 차 지하고 있다. 하지만 주식은 미래를 보고 투자하는 것이기 때문에 발전 가능성이 있 는 업종이나 기업을 찾아서 투자하는 것이 좋다. 그렇다고 해서 제약이나 반도체 업 종이 발전 가능성이 없는 것은 아니다. 제약의 경우에는 불치병이라고 알려진 여러 병을 고치기 위해 개발을 계속하고 있고 반도체 역시 사물인터넷이 발전하게 되면서 함께 성장하게 된다.

시가총액이 높다고 해서 발전 가능성이 없는 것은 아니라는 의미이다. 따라서 시가 총액이 높아도 어떠한 업종이며 어떠한 기업인지 알아보고 발전 가능성을 발견하게 되면 투자를 하면 좋다.

마. 코넥스

코넥스는 Korea New Exchange의 약자로 코스닥시장 상장 요건을 충족시키지 못하 는 벤처기업과 중소기업이 상장할 수 있도록 2013년 7월 1일부터 개장한 중소기업 전용 주식시장이다.[6] 코넥스는 코스닥의 상장요건을 만족하지 못해 코스닥 시장에 상 장은 될 수 없지만 우수한 기술력을 가진 중소기업이나 벤처기업들을 위한 시장이다. 코넥스에 상장된 중소기업들은 대부분 짧은 업력, 인력 미달 등 여러 가지 이유로 인 해서 자금조달이 어렵기 때문에 코스닥 시장에 상장되지 못하고 있다. 이러한 점을 해결하고자 우리나라에서 만든 중소기업 전용 주식시장인 코넥스 시장을 개장 한 것 이다. 코스닥 시장에 상장되지 못하는 여러 중소기업들은 코넥스에 상장되면서 자금 을 조달하고 더 성장하여 코스닥 시장으로 상장되는 경우도 많이 있다.

중소기업이라고 해도 모든 중소기업이 코넥스에 상장되는 것은 아니다. 코넥스 역 시 주식시장이고 투자자들이 투자를 할 수 있을 정도의 규모가 되어야 한다. 하지만

---

6) 네이버 지식백과

규모가 어느 정도 크다고 하여도 적자가 많이 나거나, 매출액이 적은 경우에는 투자자들이 투자를 하지 않기 때문에 코넥스 시장에도 상장되어도 투자자들의 눈길을 끌기는 힘들다. 코넥스 시장에는 아무 기업이나 상장되는 것은 아니며, 코스닥과 코스피에 비해 크게 완화된 상장요건을 두고 있다. 이는 자기자본 5억 원 이상, 매출액 10억 원 이상, 순이익 3억 원 이상의 3가지 요건 중 한 가지 요건만 충족시키면 코넥스 시장에 상장 될 수 있다. 참고로 코스닥의 상장요건은 자기자본 15억 원 이상, 매출액 50억 원 이상으로 두 가지 모두 충족시켜야 한다. 코넥스 시장은 코스닥 시장에 비하면 진입장벽이 현저히 낮은 것을 알 수 있다. 또한 코넥스 상장 시 29개 항목에 대해서만 공시를 하면 되므로 상장기업들의 공시 부담도 줄어들게 된다.

하지만 상장요건이 완화되었다고 해서 계속해서 상장되는 것은 아니다. 상장되기 위한 요건은 낮으나 상장 기간 동안 지정 자문인과 선임 계약을 체결하고 유지하는 것 또한 상장 조건에 포함되고 있다. 하지만 상장 기준이 충족되어 상장된 이후 자문인 없이 상장되는 특례상장제도도 있으니 주의하며 거래를 하는 것이 좋다.

코넥스 시장이 출시되었을 때 당시의 기본 예탁금은 3억 원이였다. 즉, 코넥스 시장에서 거래를 하기 위해서는 거래계좌에 3억 원을 미리 맡겨두어야 한다는 말이었다. 이는 코넥스 시장에 전문 투자자들만 배치하여 유망한 중소기업이나 벤처기업을 발굴하기 위함이었다. 높은 기본 예탁금을 두어 일반투자자나 초보 투자자들의 거래에 제한을 둔 것인데, 이 때문에 전문 투자자들이 코넥스 시장에 진입하였지만 기본 예탁금이 너무 높아 투자하기를 주저하는 사람이 많았다. 이에 정부는 2015년 7월부터 기본 예탁금을 3억 원에서 1억 원으로 낮추면서 더 많은 투자자들이 투자를 할 수 있도록 하였다. 기본 예탁금을 낮춰 더 많은 투자자들을 끌어들인 효과는 2015년에 비해서 2016년에 코넥스 시장의 시가총액은 1조 4000억 원에서 3조 6000억 원으로 2.5배 이상 증가했고, 일평균 거래대금이 3억 9000만 원에서 18억 1000만원으로 올라 약 4.6배가 증가한 것을 보였다. 기본 예탁금을 낮춤으로써 코넥스 시장의 거래가 활발하게 이루어진 것이다.

코넥스 시장의 장단점은 명확하다. 코넥스 시장은 창립초기의 기업, 성장단계의 중소기업, 벤처기업들이 상장되기 때문에 상장된 기업들의 정보를 얻기 힘들다는 단점이 있다. 즉, 투자 정보를 습득하는데 제한적이며 정보를 습득하기도 힘들다. 그 때문에 거래량이 부족할 수 있고 주가 변동성이 크고 환금성에 대한 리스크가 크다. 하지만 코넥스 시장의 성장성과 덜 알려진 성장주를 찾아 투자하게 되면 그에 대한 대가는 엄청나다.

현재 코넥스 시장에 상장된 기업들과, 그 시가총액은 다음과 같다.

1) 기업

 현재 코넥스 시장에 상장되어 있는 기업은 총 154개이다.[7] 상장된 기업들 중에는 제조업과 관련된 분류로 상장되어 있는 기업이 많다.[8] 중소기업과 벤처기업이 상장되는 시장이다 보니 전자기기나 일반 기계 등의 부품을 생산하는 기업이 많은 것이다. 제조업과 관련된 기업뿐 아니라 다른 업종으로 분류된 기업도 많다.

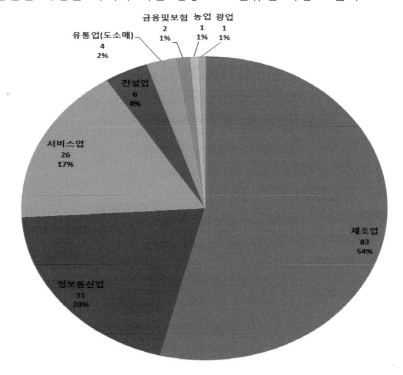

[그림 11] 코넥스 시장 업종에 따른 기업 수

 코넥스 시장은 중소기업이 많이 상장된 시장이기 때문에 많은 기업이 상장되어 있지는 않다. 이마저도 상장을 오래 유지하지 못해 퇴출되는 경우도 빈번하다. 코넥스 시장이 출시된 이래로 현재까지 상장 기업 수는 오르락내리락 하지만 전체적으로는 계속해서 증가했다. 코넥스가 출시된 2013년 7월 1일에 상장된 기업의 수는 22개 뿐이였다. 하지만 시간이 지날수록 상장되는 기업이 늘어나면서 현재 154개까지 상장되어 있다.

 중소기업 전용 주식 시장이라 업종이 많지는 않다. 상장되는 중소기업 중에는 설립된 지 얼마 되지 않은 기업도 있고, 벤처기업도 있기 때문에 업종 분류가 많지는 않다. 코넥스 시장에 상장된 기업의 반절 이상이 제조업과 관련되어 상장되어 있다. 이는 중소기업들이 주로 제품을 만들어 시장에 내놓기도 하지만 상위 기업에 납품하는 것으로도 생각할 수도 있다. 제조업으로 상장된 기업들 중 화학과 금속 관련 제품을

---

7) 한국거래소 www.krx.co.kr 2017년 12월 기준
8) 한국거래소 상장공시시스템 kind.krx.co.kr

제조하는 기업들이 많이 있다. 이로 비추어 볼 때 제품을 만드는 기본적인 부품은 중소기업에서 제조하여 상위 기업에 납품하면 그 상위 기업에서 재료 부품을 통해 새로운 제품을 생산하는 것으로 예상해 볼 수 있다.

제조업 이외에도 정보통신업과 서비스업이 다음으로 많다. 정보통신업에서는 소프트웨어 개발과 관련된 기업이 많은데, 소프트웨어를 개발하여 상위 기업에 판매하거나 상위 기업과 계약하여 소프트웨어를 개발하는 것 일 수도 있다. 서비스업의 경우에는 자연과학 및 공구 개발과 관련된 기업이 많다. 이 기업들의 주요 제품들을 살펴보면 주로 신약개발, 유전체 개발 등이다. 자연과학 및 공구 개발을 주로 하는 기업들은 제약기업이라고도 볼 수 있는 것이다.

코넥스 시장에 있는 기업들은 제조업, 정보통신업, 서비스업이 많다. 이는 여러 중소기업들이 자신들의 역량으로 기업을 발전시키기보다 먼저 상위 기업에 제품을 납품하면서 성장을 하는 것으로 볼 수 있다. 코넥스 시장의 상장요건으로 알 수 있듯이 코넥스 시장의 기업들은 자본이 적거나 매출이 얼마 되지 않는 기업이므로 기업 스스로 발전하기는 힘들다. 그리고 코넥스 시장에 상장되는 이유도 은행에서 자금을 얻기 힘들기 때문에 3가지 요건중 하나만 만족시켜 주식시장에서 자금을 조달하므로, 기업 스스로 성장하기는 힘든 면이 많다.

코넥스 시장에는 중소기업이나 벤처기업이 많다보니, 업종의 분류는 명확하게 나뉜다. 1차 산업과 관련된 기업은 각각 1개씩으로 농업과 광업 업종의 기업이 있다. 코스피와 코스닥 시장에서도 1차 산업과 관련된 기업이 많지 않았던 것으로 미루어볼 때, 코넥스 시장에 상장된 기업들 또한 1차 산업과 관련해서는 기업 내부적으로도 투자를 하지 않으려는 경향이 있다. 왜냐하면 코넥스 시장의 기업들보다 더 성장한 기업들도 투자하지 않는 분야를 코넥스 시장에 상장된 기업이 투자하면, 기업의 성장이 더뎌져 퇴출될 위기에 처할 수 있기 때문이다.

다음은 다소 상장되기가 쉬운 코넥스 시장에서 상장된 중소기업과 벤처기업들이다.

• 제조업
제조업의 경우에도 여러 가지 제조분야로 나뉜다. 코스피와 코스닥 시장에서는 제조업을 금속, 비금속, 화학, 의료정밀기기 등 여러 가지 중분류로 하여 소개하였는데, 코스넥의 경우에는 기업이 많지가 않으므로 제조업이라는 대분류를 두고 소개하도록 하겠다.

KC산업, 그림플러스, 나눔테크, 네추럴FNP, 대동고려삼, 대주이엔티, 데카시스템, 듀켐바이오, 라온테크, 럭스피아, 루켄테크놀러지스, 메디쎄이, 메디안디노스틱, 명진

홀딩스, 미코나노바이오시스, 바이오프로테크, 바이옵트로, 본느, 볼빅, 비나텍, 비엔디생활건강, 선바이오, 세기리텍, 세신버팔로, 세종머티리얼즈, 수젠텍, 시그넷이브이, 썬테크, 씨알푸드, 씨앗, 씨앤에스링크, 씨케이컴퍼니, 씨티네트웍스, 아이케이세미콘, 알로이스, 에브리봇, 에스알바이오텍, 에스앤디, 에스에이티이엔지, 에스엠로보틱스, 에스와이제이, 에스케이씨에스, 에이치엔에스하이텍, 에프엠에스, 엔제켐생명과학, 엠에프엠코리아, 오스테오닉, 윈텍, 위월드, 유쎌, 이비테크, 이에스산업, 이엔드디, 이엠티, 인산가, 인터코스, 자비스, 전우정밀, 제노텍, 제놀루션, 제이에스피브이, 젠큐릭스, 주노콜렉션, 지오씨, 지티지웰니스, 케이엠제약, 코셋, 큐엠씨, 탈모닷컴, 탑선, 태양기계, 티에스아이, 티케이씨, 패션플랫폼, 포인트엔지니어링, 피엔에이치테크, 하우동천, 한국비엔씨, 한중엔시에스, 휴럼, 휴백셀

- 정보통신업
  SGA임베디드, 구름게임즈앤컴퍼니, 국센, 나무기술, 데이터스트림즈, 디지캡, 라이프사이언스테크놀로지, 래몽래인, 링크제니스시, 미디어젠, 비플라이소프트, 빅텐츠, 뿌리깊은나무들, 소프트캠프, 스페이스솔루션, 시냅스엠, 시큐센, 싸아랩, 엠로, 옐로페이, 오파스넷, 유니포인트, 유디피, 유비온, 인프라웨어테크놀러지, 줌인터넷, 틸로, ㄴ 판도라티비, 피노텍, 피시피아비아이티, 피엔아이시스템

- 서비스업
  노브메타파마, 다이오진, 드림티엔터테인먼트, 로보쓰리, 메디젠휴먼케어, 바이오시네틱스, 바이오씨앤디, 바이오코아, 스템랩, 안지오랩, 앙츠, 에듀케이션파트너, 에스엔피테네틱스, 에스엘에스바이오, 에이비온, 에이원알폼, 오백볼트, 유투바이오, 지노믹트리, 카이노스메드, 케미메디, 크로넥스, 툴젠, 티씨엠생명과학, 플럼라인생명과학, 피엠디아카데미

- 건설업
  관악산업, 극동자동화, 엄지하우스, 엔에스컴퍼니, 지성이씨에스, 청광종건

- 유통업
  미애부, 수프로, 영현무역, 플렉스파워에이더블유에스

- 금융업
  에프앤가이드, 인카금융서비스

- 농업
  아시아종묘

- 광업
  두원석재

  코넥스 시장에는 많은 기업들이 상장되어 있는 것은 아니지만, 성장 가능성이 있는 중소기업과 벤처기업들이 다수 상장되어 있다. 코넥스 시장은 전문투자자가 아니면 진입하기 힘들기 때문에 초보투자자들은 코넥스 시장도 있다는 것을 알아두면 차후 전문투자자가 되었을 때 코넥스 시장에서 거래를 하는데 도움이 될 수 있다.

2) 시가총액

  코넥스 시장에서도 거래가 이루어지기 때문에 시가총액을 알 수 있다. 다만 업종별로 시가총액을 알기는 힘들다. 한국거래소 사이트에서도 코넥스 시장의 업종별 시가총액은 나오지 않는다. 다만 코넥스 시장의 시가총액만 알 수 있다. 2017년 11월 기준으로 코넥스 시장의 시가총액은 약 4.5조 원에 달한다. 초기 시장이 열렸던 2013년 7월에는 약 4,900억 원이였던 시가총액이 10배 가까이 증가하였다. 이는 코넥스 시장에 상장되는 기업도 많고 이미 상장되어 있던 기업들이 성장하면서 주가가 오른 것으로 판단 할 수 있으며 또한 우리나라의 중소기업과 벤처기업들이 성장했다는 것을 유추할 수 있다.

바. 상장요건

  앞서 코넥스 시장은 중소기업과 벤처기업이 주로 상장되는 시장으로 상장요건이 까다롭지 않았다. 성장을 위해서 상장되기에 간단한 세 가지 요건 중에 한 가지만 충족된다면 코넥스 시장에 상장될 수 있다. 한편, 코스피 시장에 상장되지 못하는 기업들은 코스닥 시장에 상장되어 있고, 코스닥 시장에 상장되지 못하는 기업은 코넥스 시장에 상장되어 있다. 이를 보면 상장요건은 코스피 시장, 코스닥 시장, 코넥스 시장 순으로 까다롭고 요건이 높다는 것을 알 수 있다. 상장요건은 한국거래소 사이트의 상장요건을 토대로 설명하며 각각의 시장에 상장되기 위한 요건은 시장별로 다르다.

1) 코스피 시장

  코스피 시장에 상장되는 기업은 일반회사와 지주회사로 나뉜다. 여기서 지주회사란 다른 회사의 주식을 소유함으로써 사업 활동을 지배하는 것을 주된 사업으로 하는 회사를 말한다. 코스피 시장에 상장되는 두 가지 분류의 회사는 같은 기준으로 심사를 하는 것은 아니다. 심사기준은 대부분 비슷한 요건도 있는 반면 다른 부분도 있다.

코스피 시장에 상장되기 위해서는 규모요건, 분산요건, 경영성과요건, 안정성 및 건전성 요건을 만족해야한다. 규모요건, 분산요건, 경영성과요건은 몇 가지가 있는데 경영성과요건은 선택하여 한 가지만 만족하면 되고 규모요건과 분산요건은 모두 만족하여야 한다. 만족해야 하는 각각의 요건은 다음과 같다.

가) 규모요건

규모요건은 기업규모와 상장주식 수를 말한다. 두 가지의 세분화된 요건이 있다. 기업규모는 자기자본이 300억 원 이상이 되어야하며 상장주식수는 100만 주 이상 되어야 한다. 규모 요건은 일반회사와 지주회사 모두 동일하며 기업규모와 상장주식수 모두 만족해야한다.

나) 분산요건

분산요건은 주식 수, 주주 수, 양도제한으로 나뉜다. 주식 수는 다시 네 가지로 나뉘게 되는데 이중 한 가지만 충족하면 되며, 주식 수 부분의 조건은 다음과 같다.

- 일반 주주 소유비율이 25%이상 또는 500만 주 이상이 되어야 한다. 다만 상장예정 주식 수 5천 만주 이상 기업은 상장예정주식 수의 10%에 해당하는 수량을 일반주주가 소유하여야 한다.
- 공모주식수가 25%이상 또는 500만 주 이상이여야 한다. 다만 상장예정 주식 수 5천만 주 이상 기업은 상장예정주식 수의 10%에 해상하는 수량이 공무주식이여야 한다.
-
- 자기자본 500억 원 이상 법인은 10%이상 공모하고 자기자본에 따라서 일정규모 이상주식을 발행한다. 자기자본이 500~1,000억 원 또는 기준시가총액 1,000~2,000억 원인 기업은 100만 주 이상 발행해야 하고 자기자본이 1,000~2,500억 원 또는 기준시가총액 2,000~5,000억 원인 기업은 200만 주 이상, 자기자본이 2,500억 원 이상 또는 기준시가총액 5,000억 원 이상인 기업은 500만 주 이상 주식을 발행해야 한다.

- 국내외동시공보법인은 공모주식 수가 10%이상 그리고 국내공모주식 수가 100만 주 이상이여야 한다.

주식 수 부분은 위의 조건 중 한 가지만 충족시키면 된다. 주식 수 조건 이외의 두 가지 요건인 주주 수는 일반주주가 500명 이상, 양도제한은 발행 주권에 대한 양도제한이 없어야 한다. 분산요건은 일반회사와 지주회사가 요건이 동일하다.

다) 경영성과요건

경영성과요건은 네 가지로 나뉜다. 네 가지 중 한 가지만 선택적으로 만족하면 된다. 경영성과요건은 매출액 및 수익성, 매출액 및 기준시가총액, 기준시가총액 및 이익액, 기준시가총액 및 자기자본으로 나뉜다. 또한 각각의 조건들은 세부적인 조건을 가지고 있다.

분류	세부조건
매출액 및 수익성	• 매출액이 최근 1,000억 원 이상 및 3년간 700억 원 이상 • 최근 사업 연도에 영업이익, 법인세차감 전 계속 사업이익 및 당기순이익 각각 실현 • 다음중 하나 충족 ROE : 최근 5% & 3년 합계 10% 이상 이익액 : 최근 30억 원 & 3년 합계 60억 원 자기자본 1천 억 원 이상 법인 : 　　최근 ROE 3% 또는 이익액 50억 원 이상이고 현금 　　흐름이 양(+)일 것
매출액 및 기준시가총액	• 최근 매출액 1,000억 원 이상 • 기준시가총액 2,000억 원 이상 ※ 기준시가총액 = 공모가격*상장예정주식 수
기준시가총액 및 이익액	• 기준시가총액 2,000억 원 이상 • 최근 이익액 50억 원 이상
기준시가총액 및 자기자본	• 기준시가총액 5,000억 원 이상 • 자기자본 1,500억 원 이상

[표 3] 코스피 시장 상장요건 경영성과 요건

경영성과 요건은 위 표와 같다. 각각의 세부 조건을 모두 만족하여야만 분류되는 조건을 만족하는 것이다. 기업이 코스피 시장에 사장을 위한 경영성과 요건에서 자신의 기업이 충족하고 있는 요건을 선택하여 충족하면 된다. 경영성과요건 역시 일반회사와 지주회사가 동일하다.

라) 안전성 및 건전성 요건

안정성 및 건전성 요건은 세 가지가 있다. 이는 각각 분류가 다르기 때문에 모두 만족하여야 한다. 즉, 안정성 및 건전성을 모두 만족해야 하며 이 요건은 영업활동기간, 감사의견, 매각제한(보호예수)로 나뉜다. 영업활동기간은 설립 후 3년 이상 경과하고 계속적인 영업활동이 이루어져야한다는 것이며, 설립 이후 합병이나 인수 등이 있는 경우에는 실질적인 영업활동 기간을 고려한다. 지주회사의 경우에는 주요자회사의 실질적인 영업활동기간을 고려한다. 감사의견은 최근 적정, 직전 2년, 적정 또는 한정의견을 충족해야한다. 이때 감사범위 제한에 따른 한정의견은 제외된다. 지주회사의 경우에는 개별 및 연결재무제표를 통해서 감사 의견을 충족한다. 매각제한(예수보호)는 최대주주 등 소유주식 그리고 상장예비심사신청 전 1년 이내 최대주주 등으로부터 양수한 주식은 상장 후 6개월간 매각이 제한되는 것을 말한다. 또한 상장예비심사신청 전 1년 이내 제 3자 배정 신주는 발행일로부터 1년간 제한된다. 단 그날이 상장일로부터 6월 이내인 경우에는 상장 후 6개월간 매각이 제한된다. 지주회사의 경우의 금융지주회사는 최대주주 등 소유주식 매각제한은 제외된다.

코스피 상장 요건은 이렇게 나뉘고 각각의 요건을 충족시킨 기업은 코스피 시장에 상장된다. 코스피 시장의 상장요건은 이외에도 다른 경우가 있다. 이는 상장되는 기업의 형태에 따라서 두 가지의 요건이 더 있는데 외국기업지배지주회사와 우량기업인 경우에는 요건이 조금 수정된다.

외국기업지재지주회사는 주식소유를 통해 자회사의 사업내용을 지배하는 것을 주된 사업으로 하는 국내회사로 공정거래법상 지주회사에 해당되지 않는 실질적인 지주회사를 말한다. 이 경우에는 경영성과를 연결재무제표 기준으로 심사하고 영업활동기간의 경우에는 자회사의 실질적인 영업활동기간을 고려한다. 하지만 사업 실체가 외국기업이라는 점을 감안하여서 외국기업 상장과 관련한 투자자 보호제도를 적용한다. 또한 국내영업소 설치를 의무화 하고 상장주 선인 최소 5% 투자를 의무적으로 해야 하며, 반기 감사보고서를 제출해야 한다. 우리나라의 지주회사가 아니기 때문에 외국기업지배지주회사는 상장심사 기간이 좀 더 늘어난다.

우량기업의 경우에는 상장심사를 간소화 한다. 우량기업은 매출이나 구성이 우수한 기업이기 때문에 상장심사가 간소화되는 것이다. 우량기업의 조건은 자기자본이 4천억 원 이상이고 매출액이 7천억 원(3년 평균 5천억 원), 그리고 이익액이 3백억 원(매 사업연도 이익실현 및 3년 합계 6백억 원)이다. 우량기업 요건에 해당하는 기업에 대해서는 질적 심사 중 기업계속성 심사부분을 면제하여 상장심사 기간이 단축된다.

코스피 시장에 상장될 때 미리 신청을 하고 서류를 전송하게 되면 심사기간이 45일 정도 걸린다. 이후에 상장심사에 적합한지 확인 후에 적합하게 되면 상장이 된다. 코스피 시장은 우리나라의 주된 주식 거래소이기 때문에 상장요건이 매우 까다롭다. 그리고 코스피 시장에는 대기업들이 많이 상장되어 있고 기업이 이미 자본이 마련이 된 상태에서 투자를 위해 상장되기 때문에 요건이 매우 까다롭다.

2) 코스닥 시장

가) 일반기업

일반기업의 경우 설립 후 경과 년 수가 3년이며 규모 부분은 자기자본과 기준시가 총액으로 나뉘는데, 두 가지 중에 한 가지만 충족하면 된다. 일반 기업의 경우에는 자기자본이 30억 원 이상이거나 기준시가총액이 90억 원 이상이여야 한다. 자본의 상태는 자본잠식이 없어야 하며 경영성과는 계속사업이익이 시현되어야 한다. 이때 대형법인[9]의 경우에는 자본상태와 경영성과는 적용하지 않는다.

이익규모·매출액·시가총액에서는 세부적으로 4가지가 있다. 이중 한 가지만 요건을 만족하면 된다. 그 요건은 ROE 10%이상, 당기순이익 20억 이상, 매출액 100억 원 & 시가총액 300억 원 이상, 매출액증가율 20%(& 매출액 50억) 이상 중에서 한 가지만 만족하면 이익규모·매출액·시가총액 부분을 만족 시킨다. 최대주주 등 지분의 매각은 6개월로 제한되며 기타 외형요건은 주식양도의 제한이 없어야 한다.

앞서 소개한 지분의 분산과 감사의견을 더불어 여러 요건을 만족시키고 나면 심사에 들어간다. 심사를 진행한 후에 심사 여부에 따라서 상장이 되는지 결정되는데, 일반 기업의 요건만으로도 알 수 있듯이 코스닥 시장에 상장되는 것은 코스피 시장에 상장되는 것보다 수월하다. 자본이나 이익 등 몇 가지 요건만 보아도 코스피 시장에 상장되는 기업보다 규모가 매우 작은 것을 알 수 있다. 하지만 코스닥에 상장이 되기 위한 요건일 뿐 상장이 된 이후에 성장을 하여 코스피 시장에 상장되어도 이상하지 않을 만큼 성장하는 기업들도 있다.

나) 벤처기업

벤처기업은 첨단의 신기술과 아이디어를 개발하여 사업에 도전하는 기술집약형 중소기업을 말한다. 우리나라에서는 벤처기업을 연구개발형기업, 기술집약형기업, 모험기업 등으로 부르기도 한다. 벤처기업은 소수의 기술창업인이 기술혁신의 아이디어를 상업화하기 위해 설립한 신생기업이므로, 코스닥 시장에 상장되는 경우가 많다. 신생기업이 처음부터 막대한 자본을 가지고 있기는 힘들기 때문에 코스닥 시장에 상장이 된다.

벤처기업은 신생기업이 많기 때문에 상장요건의 설립 후 경과 년 수는 적용하지 않는다. 즉, 벤처기업이라면 코스닥 시장에 상장되기 위해서는 설립 후 얼마나 지났는지

---

9) 대형법인은 자기자본 1,000억 원 또는 기준시가총액 2,000억 원 이상 기업(상장예비심사청구일 현재)을 말한다.

는 관계가 없다는 것을 의미한다. 규모의 경우에는 자기자본이 10억 원 이상이거나 기준시가총액이 90억 원이 되어야 한다. 이때 벤처기업은 신생기업이기 때문에 기준시가총액이 90억 원이 되기는 어려워, 자비자본을 규모로 하여 심사를 받는 경우가 많다.

자본의 상태는 자본잠식이 없고 경영성과는 계속해서 사업이익이 실현되어야 한다. 이 두 부분은 일반기업과 동일한 기준이며 대형법인은 미적용 한다는 조건도 동일하다. 이익규모·매출액·시가총액은 네 가지 중에 한 가지만 충족시키면 된다. ROE 5% 이상, 당기순이익 10억 원 이상, 매출액 50억 원 & 시가총액 300억 원 이상, 매출액 증가율 20%(& 매출액 50억)이상이다. 일반기업에 비해서 동일한 요건이나 앞의 세 가지 요건의 기준액이 일반기업의 절반이다. 하지만 마지막 요건은 일반기업과 벤처기업이 모두 동일하다.

이외에 최대주주 등 지분의 매각제한이 6개월 이라는 점과 기타외형요건이 주식양도의 제한이 없어야 한다는 점이 일반기업과 동일하다. 즉, 벤처기업과 일반기업의 상장요건은 설립 후 경과 년 수, 규모부분의 자기자본, 이익규모·매출액·시가총액 부분을 제외하면 모두 동일하다

다) 기술성장기업

기술성장기업은 상장요건에서 충족시키지 않아도 되는 요건이 있다. 설립 후 경과 년 수, 경영성과, 이익규모·매출액·시가총액 요건은 적용시키지 않기 때문에 이 세 가지 요건은 충족하지 않아도 된다. 한편, 충족 시켜야하는 요건의 기준은 먼저 규모에서는 자기자본이 10억 원 이상이거나 기준시가총액이 90억 원 이상이여야 한다. 자본의 상태는 자본잠식율이 10% 미만이여야 하며, 최대주주 등 지분의 매각 제한은 1년으로 된다. 앞서 소개한 공동 요건과 함께 이 요건들만 충족시키면 코스닥 시장에 상장된다.

3) 코넥스 시장

코넥스 시장의 상장요건은 정확하게 제시된 바가 없다.(한국거래소 사이트 기준) 한국거래소 사이트에서 코넥스 시장의 상장요건을 찾아보면 다음과 같은 내용이 있다. 지정자문인제도 도입, 상장심사기간 단축, 회계기준 및 지배구조 준수의무 완화, 지정 기관투자자 제도 도입이라고 나와 있으며 각각의 세부 내용은 다음과 같다.

가) 지정자문인제도 도입

지정자문인제도는 해외 신시장에서 운용되는 제도이다. 지정자문인제도는 코넥스 시장의 핵심 요소이며, 지정자문인 자격(인수업 인가)을 갖춘 증권사 1개사와 지정자문인 선임계약을 체결하여야 신규 상장신청이 가능하다(기술특례상장 제외). 또한 코넥스 시장 상장기간 동안 지정자문인 선임계약을 유지하여야 하며 만약 계약이 해지되는 경우 다른 지정자문인과 신속히 지정자문인 계약을 체결하여야 한다.

나) 상장심사기간 단축

코넥스 시장은 해당 기업에 대해 잘 아는 지정자문인이 사전에 상장적격성을 심사하게 되므로 신규상장 절차를 간소화하고 상장심사 기간을 대폭 단축한다. 그에 따라 코스피 시장과 코스닥 시장의 경우에 신규 상장 신청일로부터 상장일까지 기간이 약 3개월 소요되는데 반해 코넥스 시장의 경우에는 15일 이내로 단축하여 심사한다.

다) 회계기준 및 지배구조 준수의무 완화

기업이 상장을 추진할 때 부담으로 작용하는 증권선물위원회의 감사인 지정 및 한국채택국제회계기준 의무 적용이 코넥스 시장에서는 면제된다. 또한 사외이사 및 상임감사 선임의무도 면제되어 코넥스 상장기업의 부담을 완화시킨다.

라) 지정기관투자자 제도 도입

코넥스 시장은 2015년 7월 6일 기술평가기업을 위한 상장특례 제도와 함께 지정기관투자자 제도를 도입하였다. 지정기관투자자는 중소기업 증권에 대한 전문적인 가치평가 능력 및 투자실적 등을 고려하여 거래소가 지정하는 기관투자자이다. 지정기관투자자가 6개월 이상 보유하고 있는 주식 등의 비율이 10% 이상이거나 주식 등에 대한 투자금액이 30억 원 이상인 중소기업은 상장특례 제도를 활용하여 코넥스 시장에 상장할 수 있다. 이 경우 해당 지정기관투자자로부터 특례상장에 대한 동의를 얻어야 한다. 한편, 지정기관투자자는 특례상장에 동의한 피 투자기업이 코넥스 시장에서 2년 이내에 지정자문인 계약을 체결할 수 있도록 후원하는 등의 역할을 수행한다.

이처럼 코스피, 코스닥, 코넥스 각각의 시장별로 상장 요건이 다른 것을 알 수 있다. 주로 기업들은 성장을 하면서 코스피 시장에 상장되기 까지 원하는 기업들도 있지만 코스닥 시장에서 안정적으로 상장되어 자금을 얻거나 성장하는 경우도 많다.

사. 재무제표 분석

초보자들이 주가를 예측하거나 좋은 주식을 찾기 위해서 주로 차트를 보는 경향이 많다. 하지만 차트뿐만 아니라 기업의 재무제표를 잘 볼 줄 알아야 좋은 주식을 찾을 수 있다. 대기업 뿐 아니라 자본 상황이 좋은 중소기업도 많이 있기 때문에 재무제표를 먼저 확인한 이후에 그 기업의 주식 차트를 보는 것도 좋은 방법이다. 기업의 주가 상황을 보기 이전에 이 기업에 투자 할 만 한 가치가 있는지를 재무제표를 통해서 먼저 생각해보는 것이 좋다.

재무제표는 회계상 재무 현황을 기록하여 보고하기 위한 문서이다. 재무제표는 기업 내 재무 상태를 정확하게 보고하여 기업의 재무 현황을 보고하기 위해 작성된다. 재무제표의 종류에는 재무상태표와 손익계산서, 자본변동표, 현금흐름표로 구분되며 필요한 재무 정보에 따라 사용되는 문서가 다르다고 볼 수 있다. 재무상태표의 경우 일정 회계 시점부터 자산, 자본, 부채에 따른 재무상태를 나타내고 확인하는 문서이며, 손익계산서는 일정 회계 기간 동안 발생한 수익과 비용을 대조하기 위해 작성하는 문서를 말한다.[10]

재무제표도 연결재무제표, 별도재무제표, 개별재무제표로 세 가지 종류의 재무제표로 나뉜다. 연결재무제표는 지배기업과 종속기업의 자산, 부채, 자본, 이익 등을 합쳐서 하나의 재무제표로 작성하는 것이다. 별도재무제표는 종속기업이 존재할지라도 자신의 재무제표 하나만 별도로 작성하는 것이고, 개별재무제표는 종속기업이 존재하지 않으므로 연결재무제표를 만들 필요가 없을 때 개별기업 하나만 작성하는 것을 말한다. 즉, 연결재무제표는 대표회사와 계열사를 통합한 재무제표 이고, 별도재무제표는 계열사는 있지만 계열사의 자본은 제외한 대표회사만의 재무제표, 개별재무제표는 계열사가 없는 기업의 재무제표라고 할 수 있다.

재무제표를 확인하는 것은 어렵지 않다. 재무제표를 기업 사이트에서 제공하는 경우에는 기업의 사이트에서 확인이 가능하며, 기업 사이트에서 제공하지 않는 경우에는 우리나라의 금융감독원 전자공시시스템 사이트에서 확인할 수 있다. 전자공시시스템 사이트에서는 분기보고서 혹은 반기 보고서를 통해서 확인 할 수 있다. 전자공시시스템에서 제공하는 보고서는 기업에서 내는 보고서와 동일하며, 이 보고서에서 재무에 관한 사항을 확인 할 수 있다. 전자공시시스템사이트에서 재무제표를 확인할 수

---

10) 네이버 백과사전 재무제표 2018.01.10

있는 기업은 주식시장에 상장된 기업의 재무제표만 확인이 가능하다.

　반기 보고서 혹은 분기 보고서에서 연결재무제표와 재무제표가 있는 것을 확인 할 수 있다. 연결재무제표는 지배·종속 관계에 있는 2개 이상의 회사를 단일 실체로 보고, 각 회사의 재무제표를 종합하여 작성하는 재무보고서이다.[11] 앞서 설명한 것과 같이 연결재무제표는 기업의 계열사도 모두 포함하여 작성한 재무제표이다. 재무제표를 확인하여 기업의 자본과 부채 상태, 이익액 등과 기업의 성격, 미래 트렌드 등을 고려하여 투자할 주식을 찾는 것이 가장 좋은 방법이다. 전자공시시스템 사이트에서 제공하는 보고서에서는 주로 3개년의 재무요약 재무제표를 볼 수 있다. 꾸준한 재무 상황을 확인하고자 한다면 기업 사이트에서 확인하거나 기업에 문의해야 한다. 재무제표를 보는 가장 좋은 방법은 다음과 같다.

---

11) 네이버 백과사전 연결재무제표 2018.01.10

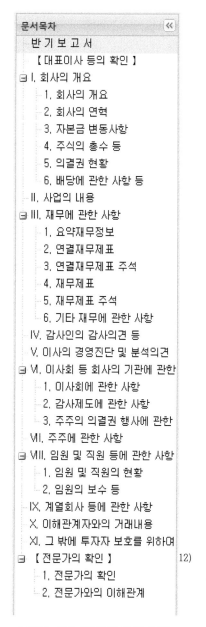

[그림 12] 전자공시시스템
보고서 목차

　목차에서 알 수 있는 것과 같이 재무에 관한 사항에서 요약재무정보, 연결재무제표, 재무제표 세 가지 항목을 확인하여 기업의 상황을 파악 할 수 있다. 요약재무정보는 3개년의 재무정보를 요약해 놓은 것이다. 요약재무정보에서는 자산, 부채, 자본, 매출액, 영업이익 등 여러 가지 정보를 알 수 있다. 연결재무제표와 재무제표에서는 (연결)재무상태표, (연결)손익계산서, (연결)포괄손익계산서, (연결)자본변동표, (연결)현금흐름표, 이익잉여금 처분계산서에 대해서 자세하게 알 수 있다.

---

12) 금융감독원 전자공시시스템 반기보고서 목차 2018.01.10

연결재무제표와 재무제표를 통해서 기업이 어느 정도 자본을 확보하고 있고 부채는 얼마나 있는지, 반기 혹은 분기에 얼마나 이익을 냈는지 등을 알 수 있다. 재무제표의 각 항목이 무엇을 의미하는지, 그에 따라 무엇을 보고 투자를 결정해야할지는 각 항목을 분석하며 결정하면 된다. 재무제표는 계열사와 자회사의 통합인 연결재무제표를 기준으로 설명하겠다.

1) 연결 재무상태표

가장 쉽게 생각 할 수 있는 부분은 자본이 많아야 기업이 성장할 수 있다는 점이다. 자본이 많지 않은 회사도 성장 할 수 있지만, 자본이 어느 정도 확보된 회사와 성장 기간이 차이가 있다. 연결재무상태표에서는 기업의 자산, 부채, 자본 금액에 대해서 확인할 수 있다. 자산과 부채는 유동적인 부분과 비유동적인 부분으로 나뉘고, 계속해서 세분화되어 어느 곳에 얼마만큼의 금액이 사용이 되었는지 알 수 있다.

연결 재무상태표는 크게 자산, 부채, 자본 세 가지 항목으로 이루어져 있다. 각각의 항목도 세분화가 되는데 자산은 유동자산과 비유동자산, 부채는 유동부채와 비유동부채, 자본은 자본금, 자본잉여금, 이익잉여금, 자본조정, 기타포괄손누익액으로 세분화된다. 자산과 부채는 두 가지의 하위에 여러 가지 항목이 포함되어 있다.

자산은 기업이 소유하고 있는 경제적 가치가 있는 재산을 말한다. 유동자산은 재무제표 작성일 기준으로 1년 이내에 현금화 할 수 있는 자산이고, 비유동자산은 재무제표 작성일 기준으로 1년 이내에 현금화 할 수 없는 자산을 말한다. 유동자산이 많으면 기업이 빠르게 현금을 소유할 수 있다. 반대로 비유동자산이 유동자산보다 많다면 이 회사는 현금을 모을 때 주식시장의 투자자들에 의해 모으는 방법이 제일이므로 주가를 올릴 수밖에 없다.

부채는 단어의 뜻 그대로 회사가 가지고 있는 빚을 말한다. 유동자산이 적어 현금이 필요한 경우 기업에서는 금융권에서 부채를 가져와 현금화하기도 한다. 유동부채와 비유동부채도 앞서 설명한 유동자산과 비유동자산의 개념과 비슷하다. 유동부채는 기업이 정상영업주기 내에 결제할 것으로 예상되며 주로 단기매매목적으로 보유하고 있는 것이 대부분이다. 이 유동부채는 보고서 작성일 혹은 보고기간 이후 1년 이내에 갚아야 하는 부채이다. 비유동부채는 유동부채 이외에 모든 부채를 통틀어서 비유동부채라고 한다. 쉽게 정리하면 유동부채는 1년 이내에 갚아야하는 부채이고 비유동부채는 장기부채라고 생각 할 수 있다. 부채만 보았을 때 사람들은 부채가 많은 기업에 투자하려 하지 않으므로, 부채가 많으면 당연히 좋은 인식을 가질 수 없다. 하지만 다른 관점에서 생각을 해보면 유동부채는 1년 이내에 상환해야하는 부채이다. 유동부채가 많으면 그 많은 부채를 상환할 능력이 된다는 의미로서, 기업은 빠른 기간내에 상환이 가능해 그만큼 수익이 높다고 생각 할 수 있다. 반대로 비유동부채가 많다는 것은 언제 상환할지 모르는 것이기 때문에 기업의 수익을 보장할 수 없는 것으로 판단할 수도 있다.

자본은 기업이 보유한 자산에서 부채를 뺀 것을 말한다. 즉, 순수한 기업의 자금을 말하며, 우리가 월급을 받고 난 후 세금 및 기타 금액을 납부하고 남은 금액이 우리의 자본이라고 할 수 있듯이, 기업이 매출을 올려 기록한 자산에서 보유한 부채를 제외하면 순수하게 기업이 소유하고 있는 금액을 자본이라고 한다. 자본이 많이 있을수록 기업은 성장 할 수 있는 발판이 마련된다.

이렇게 재무상태표에서 자산, 부채, 자본에 대해 알 수 있다. 이때 기업에 투자를 위해 봐야 할 것은 자산과 부채이다. 기업의 성장 가능성을 봐야 하는 것이기 때문에 자본을 보고 투자하는 것은 큰 의미가 없다. 아무리 많은 자본을 가지고 있다 한들 수익을 내지 못하면 성장할 수 없기 때문이다. 또한 기업의 영업활동 및 장•단기지급 능력에 어떠한 영향을 주게 되는지 생각하며 투자해야하기 때문에 어떠한 자산이 증가하였는지도 보고 판단하여야 한다. 부채도 역시 어느 부채가 증가하였는지 살펴보고 부채와 함께 차후 설명할 당기순이익을 고려하여서 투자해야한다. 부채가 증가하면 기업 이미지에 좋지 않기 때문에 미래에 어떠한 영향을 미칠지 고려해 보아야 한다.

2) 연결 손익계산서

연결 손익계산서에서는 주로 이익과 손실의 내용이 담겨 있다. 손익계산서에서는 매출총이익, 영업이익 등 기업의 실제 매출과 이익에 대해 나와 있어 많은 것을 알 수 있다. 매출총이익은 매출액에서 상품의 원가를 제외한 금액이고 영업이익은 기업의 영업활동에 의해서 발생한 이익을 말한다. 손익계산서의 매출액과 영업이익 두 가지를 통해서 그 기업에 대해서 알 수 있다.

매출총이익이 높고 영업이익이 낮다.	원가는 낮고 이익을 많이 남긴다.
매출총이익이 높고 영업이익도 높다.	판매관리에 들어가는 돈이 적다. (내부 관리를 통한 경영이 잘된다.)
매출총이익이 낮고 영업이익이 높다.	판매관리에 들어가는 돈이 많다. (경영이 미숙하거나 서툴다.)
매출총이익이 낮고 영업이익도 낮다.	위험한 회사

[표 4] 매출총이익과 영업이익에 따른 기업 특성

매출총이익과 영업이익에 따라서 회사의 자금 운영방식을 조금이나마 엿볼 수 있다. 왜냐하면 영업이익은 매출총이익 금액에서 판매관리액을 뺀 금액이기 때문이다. 매출총이익이 높으면 대체적으로 판매를 위한 관리가 잘 되고 있는 것을 알 수 있고, 반대로 영업이익이 낮으면 이익만 남기고 판매관리는 부실한 것으로 볼 수 있다. 매출총이익도 낮고 영업이익도 낮은 것은 판매관리에 들어가는 금액이 많다는 것으로 이익을 내지 못하고 있는 기업으로 볼 수 있으며 계속해서 적자를 내고 있다고 해석할 수 있다.

매출총이익과 영업이익으로 판매관리를 알아보는 것 이외에도 법인세 차감 전 순이익과 영업이익을 통해서 기업의 자금 여유도 정도를 확인 해 볼 수 있다.

영업이익이 높고 법인세 차감 전 순이익도 높다.	과잉이익을 남기는 기업
영업이익이 높고 법인세 차감 전 순이익이 낮다.	영업을 통해 수익이 나지 않으면 영업외적으로 수익이 나는 기업 (자본을 잘 활용하는 기업)
영업이익이 낮고 법인세 차감 전 순이익이 높다.	영업을 통해 수익은 나지만 영업외적으로 수익 빠져나가는 기업 (차입에 의존하는 기업)
영업이익이 낮고 법인세 차감 전 순이익도 낮다.	과소이익을 남기는기업

[표 5] 영업이익과 법인세 차감 전 순이익에 따른 기업 특성

위 표는 영업이익과 법인세 차감 전 순이익을 통해 알아본 기업의 특성이다. 영업이익도 높고 법인세 차감 전 순이익도 높으면 많은 이익을 남기지만 자본 활용을 잘 하지 못하는 기업으로 볼 수 있다. 반면에 법인세 차감 전 순이익이 낮으면 자본 활

용을 잘하는 회사로 영업이 아닌 다른 곳에서 이익을 채우는 기업이라고 할 수 있다. 이렇게 손익계산서에 제시된 금액을 보고서 기업의 특성을 생각해 투자하는 것이 좋다.

또한 영업이익과 당기순이익을 가지고 기업의 미래를 생각할 수 있다. 먼저 영업이익과 당기순이익 금액 차이를 통해서 기업의 손실과 이익을 볼 수 있다. 당기순이익이란 일정기간동인 기업이 얻는 순이익을 말한다. 영업이익이 당기순이익보다 크면 손실이 생기는 기업이고 영업이익이 당기순이익보다 작으면 수익이 발생하고 있는 기업이라고 할 수 있다.

영업이익과 당기순이익을 연도별로 나열한 후 금액의 증감을 통해서 기업의 미래를 예측해 볼 수 있다. 기업의 몇 개년도 당기순이익만 감소하는 경우에는 단기적으로 적자가 생기는 경우이다. 이러한 경우에는 회사의 상황을 파악한 뒤, 단기적으로 발생한 적자라면 기업의 주가가 낮을 때 주식을 매수하면 차후 이익을 볼 수 있다. 당기순이익만 증가하는 경우에는 단기적으로 흑자가 발생하고 있는 경우이다. 이러한 경우 기업의 상황을 파악한 뒤 단기적인 흑자라면 투자를 고려해볼 필요가 있으며, 영업이익을 살펴본 뒤 투자를 하는 것이 좋다. 영업이익만 증가하거나 감소하는 경우에는 앞으로 기업이 성장하느냐 하락하느냐를 생각 할 수 있는 척도가 된다. 영업이익이 계속해서 증가하면 성장할 가능성이 있고 영업이익이 감소한다면 하락할 가능성이 있는 것이다. 영업이익과 당기순이익 모두 증가하거나 감소하는 경우에는 기업이 성장하는지 파산을 향해 가는지 알 수 있는 척도이다.

이처럼 손익계산서의 여러 가지 기업의 실적을 통해서 손익계산서를 분석하고 기업의 상황을 고려하면서 기업이 성장할 가능성이 있는지를 보고 투자하는 것이 좋다.

3) 연결 포괄손익계산서

포괄손익계산서는 국제회계기준을 근거로 제정된 한국채택국제회계기준에 따라 적성되는 손익계산서이다. 포괄손익계산서는 손익계산서에 기타포괄손익을 포함한 것이다. 금융감독원 전자공시시스템 사이트에서 확인하는 재무제표에서는 포괄손익계산서 부분에 당기순이익과 기타포괄손익, 총포괄손익, 포괄손익의 귀속만 나와 있다. 이는 포괄손익계산서를 작성하는 방식에 따라 분류되는 것인데, 포괄손익계산서를 작성하는 방법에는 단일표시방식과 분리표시방식의 두 가지 방식이 있다. 단일표시방식은 기존 손익계산서의 당기순이익하단에 기타포괄을 추가로 표시하는 방식이다. 분리표시방식은 당기순이익의 손익계산서, 기타포괄손익의 포괄손익계산서를 별도로 작성하는 방식이다. 금융감독원 전자공시시스템사이트에서는 분리표시방식으로 연결 포괄손익계산서가 작성된 것이다.

포괄손익은 일정기간 동안 주주와의 자본거래를 제외한 모든 거래나 사건에서 인식한 자본의 변동을 말한다. 포괄손익에는 주주의 투자 및 주주에 대한 분배 등 자본거래를 제외한 모든 원천에서 인식된 자본의 변동이 포함된다.[13] 포괄손익계산서를 통해서 영업이 아닌 상황에서 자본의 이동에 대해서 알 수 있다. 또한 소유주가 소유한 자본이 얼마인지, 소유주와 계열사의 회사가 아닌 제 3자가 소유한 자본이 얼마인지도 알 수 있다.

기타포괄손익은 기업의 주된 영업활동이 아닌 다른 부분에서 발생하는 손익이며 아직 손익이 확정된 것은 아니지만 미래에 발생할 수 있는 포괄적인 의미의 손익을 말한다. 기타포괄손익은 기타 손익이기 때문에 일부 항목은 향후에 손익으로 확정되어도 당기손익에 반영되지 않는다. 또한 포괄손익이기 때문에 향후 손익으로 확정될 때 현재의 수치와 많이 달라질 수 있다. 포괄손익계산서에서 투자에 고려할 만한 항목으로는 기타포괄손익의 매도가능금융자산평가손익이다. 포괄손익계산서를 통해서 무엇을 알기보다는 손익계산서를 보고서 기업의 상황을 파악하는 것이 더 좋다.

4) 연결 자본변동표

자본변동표란 기업의 경영에 따른 자본금이 변동되는 흐름을 파악하기 위해 일정 회계기간 동안 변동 내역을 기록한 표 서식을 말한다. 자본은 기업의 자산과 부채를 제외한 순 자산을 뜻하며 자본을 구성하는 요소에는 납입자본(자본금, 자본잉여금), 이익잉여금, 기타포괄손익누계액, 기타 자본구성요소 등이 있다. 자본변동표는 자본의 변동 상황을 확인할 수 있는 재무제표라고 볼 수 있다.[14]

자본변동표를 독자적으로 분석하기에는 한계가 있다. 자본변동표와 함께 다른 재무제표를 보고 분석하는 것이 좋다. 자본은 기업의 주주에게 돌아가는 것이기 때문에 주주가 가장 관심을 가지고 보는 것이라고 생각할 수 있다. 하지만 자본변동표는 기업과 관련된 모든 사람들이 관심을 가지고 본다. 특히 기업에게 자금을 빌려준 채권

---

13) 네이버 지식백과 포괄손익
14) 네이버 지식백과 자본변동표

자가 가장 크게 관심을 보이며 기업의 자본은 채권자에게 중요하기 때문이다. 기업에 문제가 발생하여 자본이 줄어들면 채권자 입장에서는 기업에게 빌려준 자금을 회수할 방법이 사라진다. 특히 기업에서 손실이 발생하면 채권자가 보유한 채권은 어떠한 안전장치도 갖추지 못하고 손상을 입으며, 평소 주주가 부담할 영업위험을 채권자가 부담한다.

자본변동표는 기업의 자본변동상황을 전체적으로 나타낸 표이기 때문에 자본변동표에서 많은 것을 분석하기는 힘들다. 그리고 자본변동표만을 분석하고서 투자를 선택하는 것 또한 좋지 않은 방법이다. 자본변동표는 전체적인 자본의 변동 상황이 담겨있는 것이므로, 자본변동표와 더불어 다른 재무제표를 함께 참고하여 분석하는 것이 좋다.

5) 연결 현금흐름표

현금흐름표는 기업회계에 대하여 보고할 때 사용한다. 즉, 현금흐름표는 일정 기간 기업의 현금 변동 사항에 대해 확인할 수 있다. 기업은 물론 일반 가정 또는 개인이 현금 흐름을 파악할 수 있다. 크게 수입과 지출을 크게 영업활동, 재무활동, 투자활동으로 구분한다. 쉽게 말하자면, 현금 자체의 흐름을 나타낸 것으로 생각하면 된다. 재무제표와 비슷하게 금액 등을 확인한 후 세부적으로 확인하는 것이 좋은 방법이다.[15]

현금흐름표에는 영업활동에 따른 현금흐름, 투자활동에 따른 현금흐름, 재무활동에 따른 현금흐름 등 여러 활동에 따른 현금흐름 상태를 알 수 있다. 현금흐름표는 최소 2년 이상의 현금 흐름표를 분석하는 것이 좋다. 현금흐름표에서 영업활동에 의한 현금흐름은 +(플러스), 투자활동과 재무활동에 의한 현금흐름은 -(마이너스) 형태를 보이는 것이 가장 이상적이다. 영업활동은 영업활동을 잘해서 이익이 난 상태라면 플러스 상태가 나온다. 투자활동은 금융상품, 유가증권, 시설투자 등과 같은 부분에 대한 현금 유입과 유출을 말하는 것이므로 마이너스 상태가 대부분이다. 회사의 성장을 위한 시설 투자에 현금이 지출되는 것이기 때문이다. 재무활동은 은행과의 거래관계라고 생각하면 된다. 은행이 돈을 갚게 되면 현금흐름은 마이너스 형태를 띠고 은행에서 돈을 빌리게 되면 기업의 현금이 증가하는 것이기 때문에 플러스 형태가 된다.

---

15) 네이버 지식백과 현금흐름표

현금흐름표를 보고서 투자를 결정 할 수도 있다. 현금흐름표에서 영업활동에 의한 현금흐름이 플러스 형태를 띠고 투자활동과 재무활동에 의한 현금흐름이 마이너스 형태를 띠고 있는 기업에 투자를 하면 좋다. 이러한 형태를 띠는 기업은 대부분 초우량 기업이 많다. 성장성이 많은 신규상장 기업의 경우에는 영업활동과 재무활동에 의한 현금흐름이 플러스 형태로 나오며 투자활동에 의한 현금흐름은 마이너스 형태가 된다. 모든 항목이 마이너스 형태를 보이게 되면 파산 가능성이 높은 경우의 기업을 말한다. 이러한 기업은 투자를 피하는 것이 좋다.

현금흐름표를 보면서 알아두면 좋은 점들이 있다. 기업의 이익 창출과 연관 있는 영업활동에 의한 현금흐름이 가장 중요하며 영업활동을 통한 근본적인 현금창출이 없는 기업은 미래가 불투명하다. 또한 바람직한 현금흐름구조를 이루는 것이 좋다. 영업활동에 의한 현금흐름은 플러스 형태, 재무활동에 의한 현금흐름의 금액은 적을수록 좋다. 현금흐름표를 통해서 기업의 모든 것을 알 수 없으며 전체 수익과 비용구조를 볼 수 없어 기업의 재무상태를 파악하기 힘들다. 이 때문에 재무상태표와 손익계산서를 모두 볼 줄 알아야 한다.

재무제표를 분석하면서 어떤 기업에 투자를 할지 결정할 수 있다. 그러나 재무제표의 각 항목별로 하나의 항목만 분석하고서 투자결정을 하는 것보다는 재무제표의 모든 항목을 분석한 이후에 투자를 결정하는 것이 가장 바람직하다. 예를 들어 현금흐름표를 분석한 결과 투자를 할 만한 기업이라고 결정을 내렸지만 재무상태표에서 비유동부채가 많다면 다시 생각해볼 필요가 생기는 것이다. 이러한 경우는 드물지만 재무제표는 모든 항목을 살펴보고 분석한 이후에 투자를 결정하는 것이 가장 좋다.

2. 차세대반도체와 관련된 기본 개념들

2. 차세대 반도체와 관련된 기본 개념들
가. 반도체의 정의

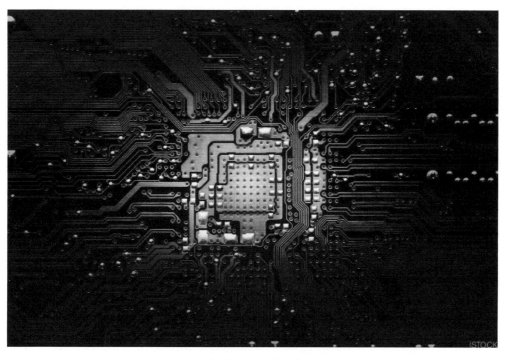

[그림 14] 반도체

우리는 반도체와 차세대 반도체를 살펴보기 이전에 반도체의 정의에 대해 알아볼 필요성이 있다. 반도체는 말 그대로 반+도체로, 도체와 부도체의 중간 성질을 가진 물질이다.

도체는 전기 혹은 열이 잘 흐르는 물질로 철, 전선, 알루미늄, 금 등이 해당된다. 부도체는 전기 혹은 열이 흐르지 않는 물질로 유리, 도자기, 플라스틱 등이 해당된다. 전기공학에서 전기가 흐르는 정도를 나타내는 전기전도도를 이용하여 도체와 부도체를 설명하면, 도체는 전기전도도가 아주 큰 반면, 부도체는 전기전도도가 거의 0에 가깝다고 할 수 있다.

반도체는 이름 그대로 도체와 부도체의 중간 성질을 지니고 있는 물질로, 전기전도도 또한 도체와 부도체의 중간정도이다. 순수 반도체의 경우 부도체와 마찬가지로 전기가 거의 통하지 않지만, 어떤 인공적인 조작을 가하면 도체처럼 전기가 흐른다. 이때, 인공적인 조작은 빛 혹은 열을 가하거나 특정 불순물을 주입하는 것을 포함한다.

반도체를 이해하기 위해서 우리는 기본적으로 원소와 원자의 구조에 대해 살펴보아야 한다. 원자는 물질의 가장 작은 단위로, 어떠한 물질을 계속 분해하다 보면 원자라는 가장 작은 입자가 만들어진다.

원자(Atom)은 양성자(Proton), 중성자(Neutron), 전자(Electron)으로 구성되는데, 원자는 양성자와 중성자로 된 원자핵을 중심으로 전자들이 일정한 궤도를 돌고 있는 모양을 띈다.

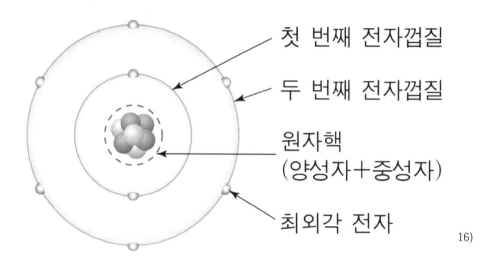

첫 번째 전자껍질

두 번째 전자껍질

원자핵
(양성자＋중성자)

최외각 전자

16)

[그림 15] 원자의 구조

이때, 원자핵 주변을 돌고 있는 전자의 궤도 중 가장 바깥쪽 궤도를 돌고 있는 전자를 '최외각 전자'라고 한다. 최외각 전자는 8개를 채우려는 성질이 있는데 이는 원자와 원자를 결합시키는 원동력이 되어 분자(Molecule)를 만들게 된다. 현재 에너지를 가하여 전자를 떼어낼 수 있는 부분 또한 최외각 전자이다.

최외각 전자는 원자핵의 양성자 개수와 일치하는데, 1개부터 8개까지 존재할 수 있으며 최외각 전자의 개수가 같은 원자들끼리는 유사한 성질을 가지게 된다. 따라서 비슷한 성질을 가지는 물질을 최외각 전자의 개수에 따라 분류해 놓은 표를 '주기율표'라고 하며, 주기율표에 따라 원자들은 I족부터 VIII족으로 구분된다. 이때 VIII족은 0족이라고도 한다.

---

16) ZUM 학습백과

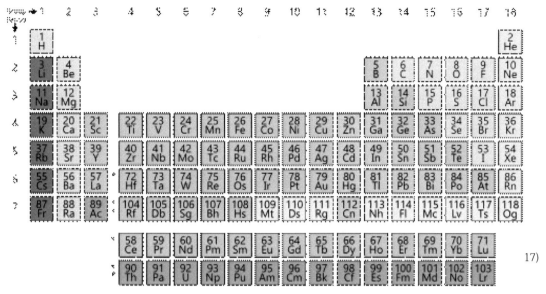

[그림 16] 주기율표

주기율표에서는 각 원자마다 원자번호가 주어지는데, 원자번호는 원자핵의 개수와 일치한다. 즉, 원자 번호 1번인 수소의 원자핵은 1개이며, 원자 번호 2번인 헬륨의 원자핵은 2개이다. 만약, 원소가 전기적인 중성이라면, 전자의 개수는 원자핵의 개수와 동일한 것이다. 이처럼 원자번호를 이용하면 쉽게 원자핵의 개수와 전자의 개수를 알아낼 수 있다.

주기율표에서 1~18까지 위에 적혀있는 숫자들을 우리는 족이라고 부르며, 세로로 1~7까지 적혀있는 숫자를 주기라고 부른다. 3~12족의 경우 예외적인 성질을 보이기 때문에 이들을 제외한 1~2족, 13~18족까지를 사용하여 최외각 전자를 포함한 개념들을 살펴보도록 하자.

도대체 주기와 족은 어떠한 내용을 나타내는것일까? 먼저, 주기는 전자껍질의 개수를 나타낸다. 각 전자껍질에 올 수 있는 전자 수는 $2N^2$(N = 전자껍질의 번호)개 이다. 즉, 첫 번째 전자껍질에는 2개의 전자가, 2번째 전자껍질에는 8개가 올 수 있는 것이다.

원자번호 1번인 수소는 전자가 1개이므로 첫 번째 전자껍질에 1개의 전자가 들어가게되고, 헬륨은 원자번호가 2이므로 전자 2개가 첫 번째 전자껍질에 들어가게 된다. 이때, 이미 첫 번째 전자껍질의 한도는 가득 차게 된다. 원자번호 3번인 리튬은 첫 번째 전자껍질에 2개의 전자가, 2번째 전자껍질에 1개의 전자가 들어간다.

---

17) 위키백과

이때, 가장 바깥 껍질에 있는 전자의 수가 최외각 전자의 수라고 할 수 있는 것이다. 즉, 다시 말하자면 마지막 전자가 높이는 껍질의 번호가 주기이며, 해다 껍질에 들어있는 전자의 수가 족이라고 할 수 있는 것이다.

최외각 전자를 배치할 때에는 옥텟규칙(Octet's Rule)을 염두해두어야 한다. 네온(Ne), 아르곤(Ar) 등과 같이 다른 원소와 반응하지 않는 안정한 원소들은 가장 바깥 껍질에 8개(단, 헬륨(He)은 2개)의 전자를 가지는 공통점이있다. 이처럼 원자들은 가장 바깥 껍질에 8개의 전자를 채워 안정한 전자배치를 가지려고 하는 경향이 있는데 이를 옥텟 규칙이라고 한다.

우리는 왜 이렇게 최외각전자를 중요하게 생각하는 것일까? 내부 껍질에 위치한 전자들은 핵에 대한 인력으로 인해 맘대로 떨어져나올 수 없지만, 최외각의 전자들은 일정 에너지 이상의 에너지가 외부에서 공급되면 쉽게 껍질을 탈출하게 된다.

이때, 최외각 전자들의 개수에 따라 자유전자가 되기 위해 필요한 에너지의 양이 다른데, 1~3족까지는 아주 적은 양의 에너지만 줘도 쉽게 자유전자가 된다. 따라서 1~3족까지는 도체의 성질을 띄게 된다.

4~5족은 어느 정도의 에너지를 주면 자유전자가 되기 때문에 반도체의 성질을 띄며 6~8족은 아주 많은 에너지를 주어야 자유전자가 될 수 있기 때문에 부도체의 성질을 띈다. 즉, 최외각 전자의 수가 많으면 많을수록 결속력이 강해 부도체의 성질을 띄는 것이다.

반도체는 크게 원소 반도체와 화합물 반도체로 나눌 수 있다. 원소 반도체는 주기율표의 4족에 있는 원소 한가지로 구성된 반도체로, 실리콘(Si)과 게르마늄(Ge)이 있다. 특히 실리콘의 경우 집적회로 IC(Integrated Circuits)에 가장 많이 사용되는 반도체이다. 화합물 반도체는 주기율표의 3족, 5족 원소들의 결합으로 이루어지는 반도체를 말한다.

반도체의 전기전도도는 반도체 물질에 불순물을 주입하는 방법을 통해 조절하는데, 주입하는 불순물의 양에 따라서 반도체 물질의 전기전도도를 조절할 수 있다.

나. 반도체의 분류
1) 제품별 분류
가) 메모리 반도체[18]

메모리 반도체는 정보(Data)를 저장하는 용도로 사용되는 반도체로, 메모리 반도체에는 정보를 기록하고 기록해 둔 정보를 읽거나 수정할 수 있는 램(RAM, 휘발성)과 기록된 정보를 읽을 수만 있고 수정할 수는 없는 롬(ROM, 비휘발성)이 있다.

정보 저장방식에 따라 램(RAM)에는 D램과 S램 등이 있으며, 롬(ROM)에는 플래시 메모리 등이 있다.

메모리 반도체는 말 그대로 기억장치이므로, 얼마나 많은 양을 기억하고(대용량) 얼마나 빨리 동작할 수 있는가(고성능)가 중요하다. 또한 최근 모바일 기기의 사용과 그 중요도가 높아지면서 메모리의 초박형과 저전력성 역시 중요해지고 있다.

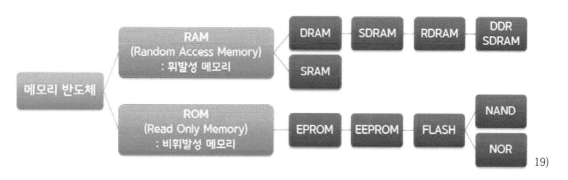

[그림 17] 메모리 반도체의 종류

최근 메모리반도체 가격하락과 미.중 무역갈등 심화로 반도체 산업의 불확실성이 높아지는 가운데, 이를 타계하기 위한 방안으로 3D 메모리와 관련된 기술개발이 활발하게 이루어지고 있으며 이와 관련된 특허출원도 증가하고 있다. 3D 메모리 기술은 반도체 소자를 여러 층 적층함으로써 단위면적당 저장용량을 극대화시키는 반도체 제조공법으로, 대표적인 제품으로 비휘발성 메모리 분야에서의 3D 낸드플래시, 휘발성 메모리 분야에서의 광대역폭 메모리(High Bandwidth Memory)가 있다.

3D 낸드플래시는 기존 2D 반도체 제조에서 각광받던 미세공정기술이 한계에 부딪치자, 이를 극복하기 위해 2차원으로 배열된 반도체 소자를 수직으로 적층한 메모리반도체로, 현재 96층 3D 낸드플래시가 양산되고 있다.

---

18) 높이, 더 높이! 메모리반도체에 부는 고층화 열풍/특허청
19) 삼성 반도체 이야기

이러한 3D 낸드플래시는 대용량.고속 처리가 요구되는 인공지능, 가상현실, 빅데이터 분야에서 널리 사용되고 있어, 시장규모가 급속히 커지고 있는데, 세계시장 규모는 2016년 371억 달러에서 2021년 500억 달러 이상으로 급격히 성장할 것으로 전망된다.

광대역폭 메모리는 DRAM을 여러 층 쌓은 후, 실리콘 관통전극(Through Silicon Via)로 이용하여 상호 연결한 다층 메모리반도체로, 전력소모가 낮고, 데이터 처리용량이 높을 뿐만 아니라, GPU 등 시스템반도체와 연결이 용이하다는 장점으로 차세대 반도체 기술로 주목받고 있다.

(1) 비메모리 반도체[20]

비메모리 반도체는 시스템 반도체라고도 불리며, 논리와 연산, 제어 등 데이터 처리 기능을 수행하는 반도체다. 데이터와 소프트웨어(SW) 등의 정보를 저장·기억하는 D램, 낸드플래시와 같은 메모리반도체와는 달리 디지털화된 전기적 정보를 연산하거나 처리한다.

시스템반도체는 다품종 수요 맞춤형으로 제품군이 다양하다. 정보를 입력받아 기억하고 컴퓨터 명령을 해석·연산해 외부로 출력하는 CPU(중앙처리장치), 스마트폰의 두뇌 역할을 하는 애플리케이션 프로세서(AP), 자율주행차에 들어가는 AP, 이미지센서 등이 시스템반도체에 해당한다.

특정 목적에 맞는 처리기능이 핵심이므로 논리회로 설계 방식에 따라 제품 성능이 좌우된다. 따라서 설계 아이디어와 고급 인력이 핵심이다. 메모리반도체가 대량 데이터의 고속저장이 핵심이기 때문에 공정미세화 등 생산기술이 중요한 것과 대비된다.

시스템 반도체는 특히 AI(인공지능)·IoT(사물인터넷)·자율차 등으로 대표되는 4차 산업혁명에서 핵심 부품으로 향후 지속적 성장이 전망된다.

시스템반도체 산업은 메모리반도체와 달리 설계와 생산이 분업화된 구조가 일반적이다. 삼성전자, SK하이닉스, 미국 인텔, 일본 도시바 등 일부 업체는 종합반도체회사로 설계와 제조, 테스트, 패키징 등 모든 생산과정을 수행한다.

---

20) 알쏭달쏭 반도체 용어... 시스템반도체? 비메모리?/머니투데이

나) Value Chain별 분류[21]
(1) IDM(종합 반도체 업체)

종합 반도체 업체(IDM)은 반도체 설계부터 완제품 생산까지 모든 분야를 자체 운영하는 업체로, 반도체 업체는 칩 설계부터 완제품 생산 및 판매까지 모든 분야를 자체 운영하는 '종합 반도체 업체(IDM)', 반도체 제조과정만 전담하는 '파운드리 업체(Foundry)', 그리고 설계 기술만을 가진 '반도체 설계 업체(Fabless)'로 구분된다.

종합 반도체 업체는 반도체 생산설비만을 갖추고 있는 파운드리 업체와 반도체 설계만을 전문으로 하는 팹리스 업체와는 달리 설계 기술과 생산 설비를 모두 보유한 대규모의 반도체 업체이다.

(2) 팹리스(Fabless)

반도체 설계 업체(Fabless)는 반도체 생산라인을 뜻하는 FAB(Fabrication)과 '~이 없다'라는 의미의 접미사 less의 합성어로, 생산라인이 없는 반도체 회사라는 뜻이다. 생산 라인만 가진 것은 파운드리(Foundry) 업체라고 한다.

반도체 개발에서 설계가 가장 중요하지만 이를 생산하기 위해선 실제 생산라인도 필요하다. 하지만 하나의 생산라인 건설에는 천문학적인 비용이 소요되기 때문에, 설계 전문인 팹리스 업체는 파운드리 업체를 통해 위탁 생산을 한다.

즉, 팹리스 업체는 파운드리 업체에 위탁 비용을 지불하고, 파운드리 업체가 대신 생산한 반도체를 팔아 이익을 얻는 구조이다.

(3) 파운드리(Foundry)

파운드리 업체는 제품 설계를 외부에서 넘겨받아 반도체를 생산하는 위탁 업체이다. 즉 반도체 생산설비를 갖추고 있지만 직접 설계하여 제품을 만드는 것이 아니라, 위탁하는 업체의 제품을 대신 생산해 이익을 얻는 것이다.

---

21) 삼성 반도체 이야기

다. 반도체의 제조공정[22)

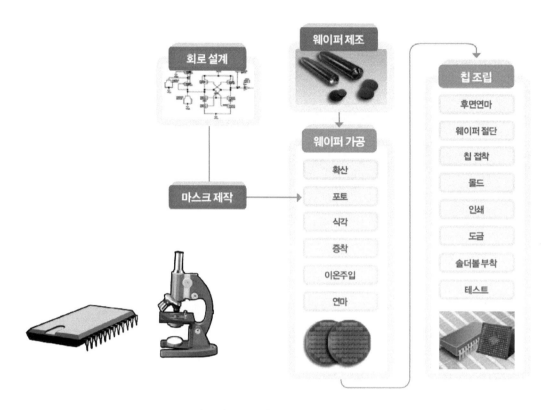

[그림 18] 반도체 제조공정

1) 웨이퍼 제조

웨이퍼 제조 공정은 모래로부터 실리콘(Si)을 고순도로 정제하여 기둥 모양의 잉곳(Ingot)을 만든 후, 얇게 잘라서 원판 모양으로 만드는 공정으로 세부 공정에 대해 간략하게 살펴보면 다음과 같다.

① 단결정 성장
고순도로 실리콘용 융액에 SPEED 결정을 접촉, 회전시키면서 단결정 규소봉(INGOT)을 성장 시키는 공정

② 규소봉 절단
성장된 규소봉을 균일한 두께의 얇은 웨이퍼로 잘라내는 공정으로 웨이퍼의 크기는 규소봉의 직경에 따라 3", 4", 8", 12"로 만들어진다.

③ 웨이퍼 표면 연마

---
22) 반도체체조공정, 안전보건공단, 안전보건실무길잡이

웨이퍼의 한쪽 면을 연마하여 거울면처럼 만들며, 이 연마된 면에 회로 패턴을 넣는 공정

④ 회로 설계
전자회로와 실제 웨이퍼 위에 그려질 회로 패턴을 설계하는 공정

⑤ MASK(RETICLE) 제작
설계된 회로 패턴을 유리판 위에 그려 MASK(RETICLE)를 만드는 공정

2) 전공정

웨이퍼를 가공하여 반도체 회로를 형성하고 집적하는 과정으로, 산화막 형성, 증착, 세정, PR코팅, 노광, 이온주입, 현상, 식각 등의 과정이 있으며, 반도체 소자에 따라 이러한 과정을 수십회 반복한다.

⑥ 산화(OXIDATION)공정
고온(800~1200°C)에서 산소나 수증기를 실리콘 웨이퍼 표면과 화학반응시켜 균일한 실리콘 산화막(SiO_2)을 형성시키는 공정

⑦ 감광액 도포
빛에 민감한 물질인 PR을 웨이퍼 표면에 고르게 도포시키는 공정

⑧ 노광(EXPOSURE)
STEPPER를 사용하여 MASK에 그려진 회로 패턴에 빛을 통과시켜 PR막이 형성된 웨이퍼위에 회로 패턴을 사진 찍는 공정

⑨ 현상(DEVELOPMENT)
웨이퍼 표면에서 빛을 받은 부분의 막을 현상시키는 공정(일반 사진 현상과 동일)

⑩ 식각(ETCHING)
회로 패턴을 형성시켜 주기 위해 화학물질이나 반응성 GAS를 사용하여 필요 없는 부분을 선택적으로 제거시키는 공정

⑪ 이온 주입 공정
회로 패턴과 연결된 부분에 불순물을 미세한 GAS 입자 형태로 가속하여 웨이퍼의 내부에 침투시킴으로써 전자소자의 특성을 만들어 주는 공정

⑫ **화학 기상증착 공정**

 GAS 간의 화학반응으로 형성된 입자들을 웨이퍼 표면에 증착(蒸着)하여 절연 막이나 전도성 막을 형성시키는 공정

⑬ **금속배선**

웨이퍼 표면에 형성된 각 회로를 알루미늄선으로 연결시키는 공정

3) 후공정

 반도체 후공정은 전공정 과정을 통해 가공된 웨이퍼를 잘라 각각의 칩을 프로브 테스트, 패키징등을 거쳐 완성품으로 만드는 과정을 말한다. 전공정 대비 규모는 작지만, 전공정 과정이 한계에 부딪힘에 따라 후공정의 중요성이 증가하고 있다.

⑭ **웨이퍼 선별**

 웨이퍼에 형성된 IC칩들의 전기적 동작 여부를 컴퓨터로 검사하여 불량품을 자동선별하는 공정

⑮ **회로 설계**

 회로 설계 프로그램을 이용하여 전자회로와 실제 웨이퍼 위에 그려질 회로 패턴을 설계하는 공정

⑯ **마스크 제작**

 설계된 전자회로를 전자빔 등의 설비를 이용하여 각 층별로 나누어 유리판에 옮기는 공정으로, 여기에서 제작된 마스크는 포토공정에서 웨이퍼에 회로를 형성할 때 사용된다.

⑰ **웨이퍼 가공**

 웨이퍼 표면에 여러 종류의 막을 형성시켜, 이미 만들어진 마스크를 사용하여 특정 부분을 선택적으로 깎아내는 작업을 반복함으로써 전자회로를 구성해 나가는 공정으로, 산화, 감광액 도포, 노광, 현상, 식각, 이온 주입, 증착, 세정 등의 세부공정으로 구성된다.

⑱ **칩 조립**

 가공된 웨이퍼를 낱개의 칩(Chip)으로 잘라 리드프레임 등에 부착하고, 금속 연결, 몰드(성형), 인쇄, 테스트 등을 통해 제품을 생산하는 공정

01 단 결정 성장 02 규소봉 절단 03 웨이퍼 표면연마 04 회로 설계 05 MASK 제작
06 산화공정 07 감광액 도포 08 노광 09 현상 10 식각
11 이온 주입 12 화학 기상증착 13 금속 배선 14 웨이퍼 자동 선별 15 웨이퍼 절단
16 웨이퍼 표면연마 17 금속 연결 18 성형 19 최종검사

[그림 19] 반도체 제조공정 흐름도

라. 차세대 반도체
1) AI 반도체[23)

인터넷, 스마트 폰을 통한 데이터 수가 급격히 증가하고, 이를 수집/분석하기 위한 빅데이터 처리 환경이 발전하고 있다. 또한, 기계학습 알고리즘(딥러닝 등) 기술의 진화로 인하여 인공지능의 정확도가 급격히 향상되고 있으며 자율주행차, IoT 등 타 산업의 적용이 확대되고 있다. 이러한 상황에서, 4차 산업혁명이 불러온 새로운 기술의 발전과 함께 반도체 성능의 고도화를 요구하며 인공지능 반도체가 시스템 반도체의 새로운 기회 요인으로 각광받고 있다.

데이터 입력 순서에 따라 순차적으로 처리하는 기존 반도체(CPU)는 기계학습, 추론과 같은 대규모 데이터를 처리하기에는 연산 속도 및 전력 등의 한계가 존재한다. 특히 CPU가 중앙에서 모든 데이터를 처리·제어하므로 연산량이 많아질수록 CPU와 메모리 사이의 병목현상이 발생하여 대규모 데이터를 처리 할 경우 속도 저하 및 막대한 전력 소모를 발생시킨다.

따라서, 이를 해결하기 위해 인공지능 반도체가 대두되고 있다. 인동지능 반도체에 대한 정의는 활용범위에 따라 다양하지만, 가장 간단하게는 인공지능 구현을 위해 요구되는 데이터 연산을 효율적으로 처리하는 반도체라고 할 수 있다. 즉, 인공지능 반도체는 인공지능 기술의 핵심 기술 중 학습·추론 기술을 구현하기 위해 사용되는 데이터 연산처리를 저 전력 및 고속 처리 등 효율성 측면에서 특화한 반도체라고 할 수 있다.

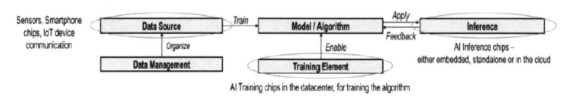

[그림 20] 인공지능 구현을 위한 반도체 활용 범위

인공지능 반도체는 인공지능 시스템의 구현 목적에 따라 크게 학습용과 추론용으로 구분할 수 있으며, 두 가지 과정을 반복 실행하여 최적의 답을 찾도록 성능을 강화하는데 주로 사용된다. 학습용 반도체는 딥 러닝 등 기계 학습의 특정 작업을 수행하기 위해 방대한 데이터를 통해 반복적으로 지식을 배우는 단계에 활용되며, 추론용 반도체는 학습을 거친 최적의 모델을 통해 외부 명령을 받거나 상황을 인식하면 학습한 내용을 토대로 가장 적합한 결과를 도출하는 단계에 사용된다.

---

23) 인공지능(반도체), 나영식, 조재혁, KISTEP 기술동향브리프

기존 인공지능 시스템은 주로 데이터센터에서 학습과 추론을 병행하여 사용되었으나, 스마트 폰 및 IoT 등의 보급 확산, 클라우드 기술 발전과 동시에 디바이스의 추론 기능의 수요가 증가하면서 이를 위한 반도체 기술 중심으로 발전하고 있다.

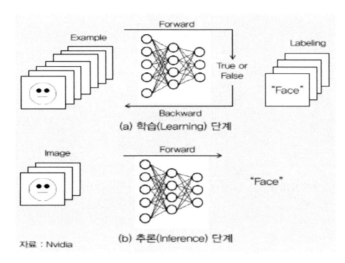

[그림 21] 인공지능 반도체의 주요 활용 목적

현재 인공지능 학습/추론은 대부분 데이터센터에서 실행되며 일반적인 하드웨어로는 CPU가 담당하고 있지만, 인공지능 서비스에 요구되는 대규모 연산 처리 성능을 위해 인공지능 반도체를 서버에 장착하여 활용할 필요가 있다. 데이터센터 전용 반도체는 방대한 데이터를 처리하기 때문에 발열과 전력소모로 인한 효율성 개선이 지속적으로 필요하다.

또한, 데이터센터 서버(클라우드)와 연결을 최소화하고 디바이스 자체에서 인공지능 연산이 수행되는 경우가 점차 확대되면서 소형화·저전력·고성능 중심의 인공지능 반도체 기술 개발이 가속화되고 있다.

[그림 22] 인공지능 반도체의 사용 환경

가) AI 반도체의 기술 범위

인공지능 반도체는 인공지능의 연산 성능 고속화 및 소비전력 효율(Power Efficiency)을 위해 최적화시킨 반도체이며, 아키텍처 구조 및 활용 범위에 따라 크게 GPU, FPGA, ASIC, 뉴로모픽 반도체로 구분할 수 있다.

① GPU(Graphical Processing Unit)

GPU는 동시 계산 요구량이 많은 그래픽 영상 처리를 위해 고안된 병렬처리 기반 반도체로 수천 개의 코어를 탑재하여 대규모 데이터 연산 시 CPU 대비 성능이 우수하다.

② FPGA(Field-Programmable Gate Arrays)

FPGA는 회로 재 프로그래밍을 통해 용도에 맞게 최적화하여 변경이 가능한 반도체로 활용 목적에 따라 높은 유연성을 특징으로 한다.

③ ASIC(Application Specific Integrated Circuits)

ASIC은 특정 용도에 맞도록 제작된 주문형 반도체로 가장 빠른 속도와 높은 에너지 효율이 특징이다.

④ 뉴로모픽 반도체(Neuromorphic Chips)

뉴로모픽 반도체는 기존 반도체 구조가 아닌 인간의 뇌를 모방한 챠폰노이만 방식의 인공지능 전용 반도체로 연산처리, 저장, 통신 기능을 융합한 가장 진화한 반도체 기술이다.

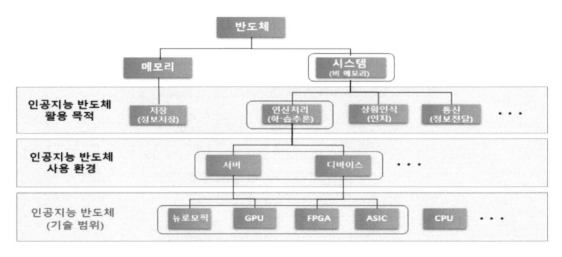

[그림 23] 인공지능 반도체의 기술 범위

2) 전력 반도체[24]

전력반도체(Power Semiconductor)는 전력을 제어하는 반도체라도 한다. 전기 에너지를 활용하기 위해 직류·교류 변환, 전압, 주파수 변화 등의 제어처리를 수행하는 반도체로, 전력을 생산하는 단계부터 사용하는 단계까지 다양한 기능을 수행한다.

특히 가전제품, 스마트폰, 자동차 등 전기로 작동하는 제품의 작동 여부 및 성능을 결정짓는 핵심부품으로도 작용한다.

최근 들어, 전력반도체는 전기자동차, 태양광발전 등 다양한 분야에 적용이 확대되고 있으며, 스마트폰과 태블릿PC 등 모바일 디바이스의 급성장으로 수요가 증가하고 있다. 특히, 4차 산업혁명 시대의 도래로 인해 스마트카, 자율주행차, 로봇, 태양전지, 사물인터넷(IoT), 스마트그리드, 항공우주, 5G 이동통신 등 관련 산업이 성장함에 따라 수요가 급격히 늘어날 것으로 예상된다.

전력반도체 소자는 1960년대부터 실리콘(Si)이 주로 사용되어 왔으며, 실리콘은 가격이 저렴하고, 동작온도 범위가 넓으며 산소와 반응하여 자연적으로 산화막($SiO2$)을 형성하는 장점이 있다.

최근 들어, 전기자동차와 모바일기기, 태양광발전 등 전력반도체 적용의 확대로 시장에서는 보다 운전 효율이 높으면서 소형화된 전력변환 장치를 요구하고 있으나, 실리콘은 스위칭 손실, 스위칭 속도, 내환경성 등의 문제로 인해 시장의 요구에 부응하지 못하고 있다. 따라서 기존 실리콘 반도체 소자의 한계를 뛰어넘는 새로운 반도체 소자의 필요성이 제기되고 있는 가운데, 탄화규소(Silicon Carbide: SiC)와 질화갈륨(Gallium Nitride: GaN) 등 화합물 반도체가 부상하고 있다.

현재 전력반도체 소재의 대세는 '실리콘'이라고 불리는 규소(Si)이다. 규소는 자원이 풍부해 가격이 저렴하고, 전기 전도와 형태 제어가 용이해서 사실상 반도체 소재의 표준으로 자리매김해 왔다. 업계에선 현재 전력반도체 시장의 약 95% 이상이 규소를 기반으로 한 시장인 것으로 보고 있습니다. 규소 기반 전력반도체는 현재 차량과 가전 제품 등에 두루 사용됩니다.

나머지 5%미만의 시장이 차세대 전력반도체 소재 관련 시장이다. SiC와 GaN이 바로 이 차세대 전력반도체의 소재로, SiC는 '탄화규소', GaN은 '질화갈륨'이라고 불린다. '실리콘 카바이드'라고도 불리는 SiC는 실리콘 (Si)과 탄소 (C)로 구성된 화합물 반도체 재료이다. '갈륨나이트라이드'라고도 불리는 GaN은 갈륨과 질소를 합친 화합

---

24) 차세대 전력반도체 기술개발 동향, 전황수, IITP

물이다.

 이 두 화합물이 왜 차세대 소재로 떠오른 이유는 모두 현재 대세인 규소보다 고온·고전압에 견디는 강점이 있기 때문이다. 기존 규소 기반 제품은 150도 이상이 되면 반도체 성질을 잃어버리는 단점이 있었는데, 이 전력반도체의 사용처가 늘어나면서 더욱 고온과 고전압 등 환경에 견뎌야 하는 상황이 됐고, 이에 맞춰 규소가 아닌 신소재가 부각되고 있는 것이다.[25]

---

25) 요즘 뜬다는 '전력반도체' 나만 몰랐어? 개념부터 관련주까지 다 알아봤습니다 [세모금]/헤럴드경제

3) 차량용 반도체[26]

과거 자동차 산업은 기계장치에 가까웠으나 경량화, 친환경, 편의성, 안전 4가지 키워드와 사용자의 요구에 따라 전장화되고 있다. 전장화의 궁극적인 목표는 자율주행이며, 자율주행의 가장 큰 주역은 차량용 반도체라고 할 수 이다.

차량용 반도체는 내외부의 온도, 압력, 속도 등의 각종 정보를 측정하는 센서와 ECU(Electronic Control Unit; 전자제어장치)로 통칭되는 엔진, 트랜스미션 및 전자장치 등을 조정하는 전자제어장치 그리고 각종 장치들을 구동시키는 모터의 구동장치(Actuator) 등에 사용되는 반도체이다.

자동차에는 메모리·비메모리 반도체, 마이크로컨트롤러(MCU), 센서 등 다양한 종류의 반도체가 사용되고 있으며, 하이브리드차는 일반 차량에 비해 10 배 많은 반도체 관련 부품이 필요하다.

차량용 반도체는 자동차 제조때부터 탑재되는 빌트인 형태의 경우, 영하 40°에서 영상 70°의 온도에 견뎌야 하는 까다로운 온도조건과 7~8 년간 제품을 그대로 유지하는 내구성을 갖춰야 하는 등 진입 장벽이 높은 고부가시장이다.

전기차와 자율주행차는 일반 내연기관차에 비해 차량에 탑재되는 전기장치가 많아 필요해 반도체 수도 늘어난다. 일반적으로 내연기관차 한 대에 200개 정도의 반도체가 필요하지만, 전기차에는 1000개 정도가 사용된다. 자율주행차는 더 많은 센서가 필요해 약 2000개의 반도체가 들어간다.

차량용 반도체 시장이 반도체 업계 미래 성장동력으로 꼽히는 것도 이 때문이다. 차량용 반도체 수요는 폭발적으로 늘어나는데, 공급량은 이를 따라가지 못하는 상황이 계속되고 있다.

차량용 반도체는 신규 시장 진입이 어려워 쉽게 공급량을 늘릴 수 없다. 차량용 반도체 오류는 교통사고로 이어질 수도 있는 탓에 높은 수준의 안정성이 요구된다. 때문에 투자 비용이 많이 든다. 또 차량용 반도체는 다품종 소량생산 업종으로 수익성이 낮은 편이다. 업체별, 차량별로 각기 다른 반도체를 공급해야 하기 때문에 규모의 경제를 실현하기 어렵다. 이러한 이유로 전 세계 메모리 반도체 시장에서 1,2위 자리를 차지하고 있는 삼성전자와 SK하이닉스가 차량용 반도체 시장에서 두각을 나타내지 못하도 있었던 것이다.

---

26) 차량용 반도체 기술 및 국내 발전 전략, KEIT PD Issue Report

자율주행차에 활용되는 반도체

전면/측면/후면 뷰 카메라	전면부 감지 운전자 모니터링
이미지 센서	신경망 프로세싱 유닛(NPU)
다이내믹 비전 센서	이미지 센서
	다이내믹 비전 센서

인포테인먼트	eMirror	첨단 운전자 보조시스템 (ADAS)
프로세서 / 디스플레이 구동칩(DDI)	이미지 센서	프로세서
터치 집적회로 /	디스플레이 구동칩(DDI)	신경망 프로세싱 유닛(NPU)
보안 집적회로 메모리	전력관리 집적회로(PMIC)	보안 집적회로 메모리

출처:삼성전자

[그림 24] 자율주행차에 활용되는 반도체

독일 인피니온, 네덜란드 NXP, 일본 르네사스 등 업체가 차량용 반도체 시장 점유율을 차지해왔다. 산업통상자원부에 따르면 전 세계 차량용 반도체 시장에서 국내 업체들의 점유율은 3.3%에 불과했다. 하지만 최근 삼성전자와 SK하이닉스도 미래 먹거리로 차량용 반도체에 주목하고 있다. 주력인 D램과 낸드플래시의 가격이 하락세를 이어가고 있는 상황에서 신사업을 찾아 미래 수익성을 높이겠다는 것이다.

삼성전자 메모리(DS)사업부 부사장은 최근 전장 시스템 수준이 올라가면서 차량 1대에 필요한 메모리가 늘었고 사양도 높아지고 있다면서 2030년 이후 차량용 메모리가 서버·모바일과 함께 3대 응용처로 확대될 것이라고 말했다.

SK하이닉스 D램 마케팅 담당 부사장도 차량용이 컴퓨터와 스마트폰을 잇는 미래 성장 동력이 될 것이다라며 향후 10년 뒤엔 자동차용 메모리 수요량이 현시점 대비 5배 이상 성장할 전망이라고 말했다.[27]

---

27) 삼성전자·SK하이닉스, 차량용 반도체 주목하는 이유/비즈워치

3. 차세대반도체 시장전망

3. 차세대 반도체 시장전망
가. 국외 시장 현황

시장조사기관 옴디아에 따르면 글로벌 반도체 시장은 2021년부터 2026년까지 연평균 5.8% 성장할 것으로 예측된다. 금액 기준으로는 2021년 5923억 7500만달러(약 729조 원)에서 올해 6252억2 900만달러(약 780조 원)로 확대된다. 2026년에는 7853억 5700만달러(약 967조 원) 규모로 성장할 것으로 전망했다.

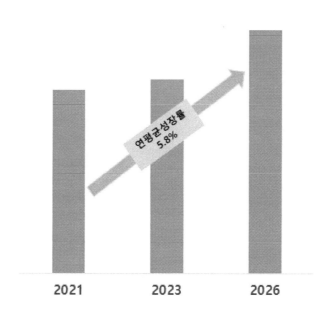

[그림 26] 글로벌 반도체 시장 전망

성장률이 가장 높은 분야는 메모리 반도체다. 메모리 반도체 시장은 2021~2026년까지 연평균 6.9% 증가할 것으로 관측된다. 같은 기간 시스템 반도체의 연평균 성장률이 5.9%인 것보다 1%포인트 높다.

대표 메모리 반도체인 D램과 낸드플래시는 2021년에 비해 2026년 각 5.3%, 9.4% 증가할 것으로 보인다. 특히 낸드플래시는 모든 반도체 제품군 중 가장 성장률이 높다.

옴디아는 2026년에는 D램 시장 규모를 1217억8100만달러(약 150조원), 낸드플래시 1071억9900만달러(약 132조원)로 책정했다.

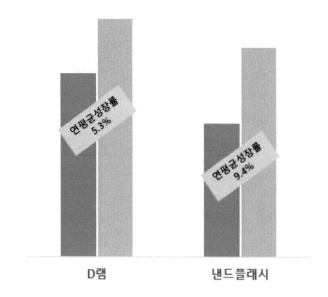

[그림 27] 글로벌 메모리 반도체의 대표 제품군의 시장 전망

D램과 낸드플래시뿐만 아니라 5세대(5G) 이동통신과 인공지능(AI), 고성능컴퓨터 (HPC) 등 메모리반도체 제품군에 대한 수요는 지속적으로 확장할 가능성이 높다.

장기적인 성장세는 낙관적이지만 단기적인 상황은 좋지 않다. 최근 반도체 및 메모리 반도체 시장은 공급 과잉 현상을 겪고 있다. 인플레이션, 금리 인상 등 거시경제에 위기가 닥치자 전반적인 수요가 줄어들며 값어치가 하락했다.

특히 메모리 반도체의 하락이 심상치 않다. 시장조사기관 트렌드포스는 2023년 1분기 D램 평균판매가격(ASP)이 전기대비 13~18% 떨어질 것이라고 봤다. 1분기 낸드플래시 ASP 역시 전기대비 10~15% 하락할 것으로 내다봤다.

주요 반도체 고객사의 반도체 재고가 소진되는 상황부터 가격이 반등할 것으로 관측한다. 2023년 2분기부터 고객사의 반도체 재고가 정산 수준에 근접할 것으로 예측되며, 3분기부터는 재고 건전화에 접어들 것으로 2분기부터 D램·낸드플래시 가격 하락폭도 둔화할 것으로 전망된다.[28]

---

28) 반도체 시장, 2026년에는 960조원 규모… 올해 전망은?/디지털데일리

나. 국내 시장 현황

2022년 반도체 수출은 전년 1,003억 달러 대비 1.7% 증가한 1,309억 달러로 역대 0최대 반도체 수출실적을 기록할 전망이다. 반도체 수출은 상반기 공급망 훼손 우려로 인한 재고축적, 파운드리 경쟁력 제고 등에 따른 시스템반도체 수출 호조 등으로 역대 세 번째로 1,200억 달러를 돌파 하였다.

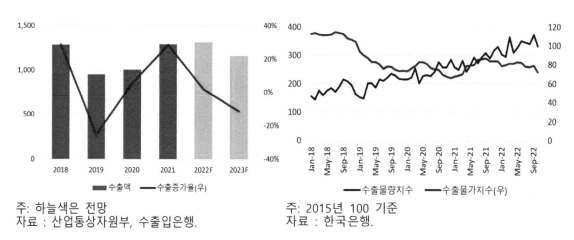

주: 하늘색은 전망
자료 : 산업통상자원부, 수출입은행.

[그림 28] 반도체 수출 현황 및 전망 (단위: 억 달러)

주: 2015년 100 기준
자료 : 한국은행.

[그림 29] 반도체 수출물량 및 물가지수

반도체 수출은 메모리반도체 비중이 압도적으로 높았으나 2022년에는 시스템반도체 수출 비중이 38%로 증가하였다. 시스템반도체 수출은 파운드리 업황 호조 및 경쟁력 향상, 미중갈등 등에 따른 한국 파운드리 이용 증가 등으로 2022년에 연 460억 달러 이상으로 증가하였다.

2023년 반도체 수출은 전년 대비 11.5% 감소한 1,159억 달러 내외로 전망된다. 2023년 반도체 수출은 예상보다 가파르게 악화되는 메모리반도체 수요와 가격, 반도체 기업과 수요기업의 높은 반도체 재고 등으로 인해 수출이 큰 폭으로 하락할 전망이다.

1) 메모리반도체

2023년 메모리반도체 시장은 가파른 수요감소, 가격하락, 높은 재고수준 등으로 2022년 대비 17% 역성장할것으로 전망된다. 2023년 상반기는 수요기업의 완제품 및 반도체 재고소진 등으로 메모리반도체 수요가 둔화되나, 2023년 중반부터 반도체 구매가 회복되면서 수요 개선을 기대할수 있다.

IT기기 수요의 예상보다 빠른 감소로 반도체 기업의 재고 뿐만 아니라 수요기업의 반도체와 완제품 재고가 증가하여 2023년 상반기에 재고조정이 진행될 전망
2022년 3분기 샤오미의 완제품 재고는 전년동기 대비 28% 증가하였고, D램은 2022년 4분기초 스마트폰 기업의 D램 재고는 6~8주, PC 조사의 D램 재고는 10~14주, 미국 초대형 데이터센터 운영기업의 D램 재고는 11~13주 물량으로 추정된다.

하반기에 반도체 수요 회복을 기대하나 경제성장률 둔화 등으로 큰 폭의 수요 회복은 기대하기 어려울 것으로 예상된다.

주요 반도체 기업은 공급과잉 해소를 위해 CAPEX 하향 조정, 웨이퍼 투입량 축소, Tech Migration 속도 조정, 저부가 제품 감산 등을 발표하였다. 메모리반도체 기업의 2022년말 재고는 10~12주 수준으로 지난 Downcycle이 시작된 2018년말 삼성전자와 SK하이닉스의 재고수준인 4~6주 대비 높은 수준으로 전망된다.

2023년 D램 CAPEX는 전년 대비 26% 감소한 245억 달러, 낸드플래시 CAPEX는 2022년 대비 24% 감소한 289억 달러 전망된다.

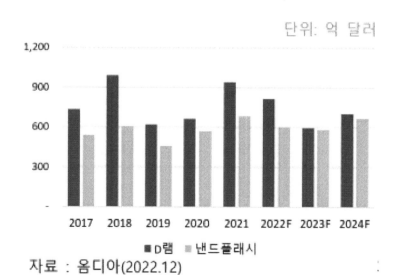

자료 : 옴디아(2022.12)

[그림 30] 메모리반도체 시장규모 전망

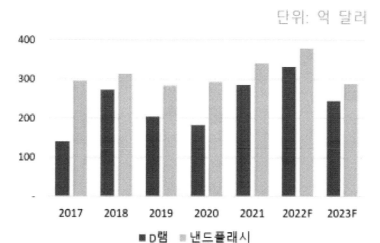

자료 : 옴디아(2022.12)

[그림 31] 메모리반도체 CAPEX

D램 가격은 2023년 4분기까지 하락, 낸드플래시 가격은 2023년 3분기 반등이 예상 된다. 2023년 상반기는 2022년 연말 성수기의 부진한 IT기기 수요 등으로 상당한 규 모의 IT 완제품과 반도체 재고가 축적되면서 메모리반도체 가격은 큰 폭으로 하락할 것으로 전망된다.

메모리반도체 재고는 고객사의 반도체 재고 소진 우선 정책, 반도체 기업의 생산량 축소 노력 등으로 2023년 1분기가 정점이 될 전망이다

메모리반도체 가격 전망

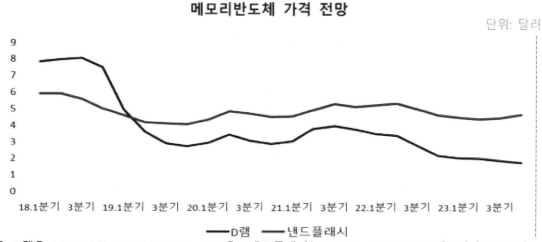

주: D램은 DDR4 8Gb 1Gx8 2133Mbps(PC용), 낸드플래시는 128Gb 16Gx8 MLC(메모리카드/USB용) 기준.
자료 : 옴디아(2022.12)

[그림 32] 메모리반도체 가격 전망

2) 시스템반도체

 시스템반도체 시장은 5G, IoT, AI, 자동차 등의 수요 증가로 2022년 대비 4% 성장할것으로 전망된다. 시스템반도체 시장은 2020~2022년에 전년 대비 두 자릿수 증가한 영향 등으로 2023년 성장률은 둔화되나 성장세 지속될 전망이다.

 시장규모가 큰 품목은 로직 IC(Integrated Circuit), 마이크로컴포넌트, 아날로그 IC 순이며 로직 IC 시장규모는 메모리반도체 시장규모 수준이다. 로직 IC는 스마트폰의 두뇌를 담당하는 AP(Application Processor), 디스플레이 구동칩(Display Driver IC, DDI) 등을 포함하며 2023년 시장규모는 전년 대비 4% 성장한 1,838억 달러 내외로 전망된다.

 마이크로컴포넌트는 가전 등 전자제품의 두뇌를 담당하는 마이크로컨트롤러(MCU) 등을 포함하며 2023년 시장규모는 전년 대비 4.9% 성장한 1,060억 달러 내외로 전망되며, 아날로그 IC는 아날로그 신호(빛·소리 등)를 디지털 신호로, 디지털 신호를 아날로그 신로호 변환해주며 전력관리반도체(Power Management IC, PMIC) 등을 포함하며 2023년 시장규모는 전년 대비 3% 성장한 940억 달러 내외로 전망된다.

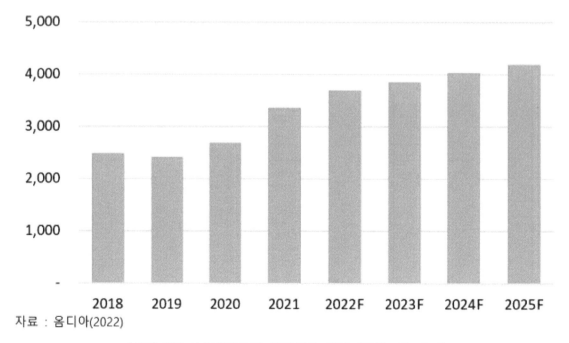

자료 : 옴디아(2022)

[그림 33] 시스템반도체 시장규모 전망 (단위: 억 달러)

 시스템반도체는 반도체 설계(팹리스)와 위탁생산(파운드리)가 분리된 구조이며 팹리스 기업은 수요둔화, 재고 증가 등으로 2023년 상반기까지 재고 조정 예상된다. 퀄컴과 엔비디아의 2022년 3분기 재고자산은 전년동기 대비 각각 96%, 104% 증가 하였다.

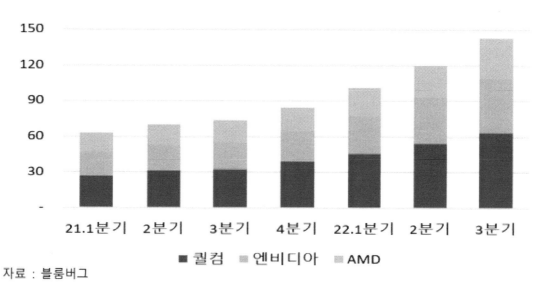

자료 : 블룸버그

[그림 34] 주요 시스템반도체 기업 재고자산 (단위: 억 달러)

2021년 한국의 시스템반도체 시장점유율은 3%로 메모리반도체 대비 한국의 시스템반도체 경쟁력은 낮은 상황이다. 시스템반도체 세부 분야별 한국의 점유율은 로직 IC 5.7%, 아날로그 IC 1.3%, 마이크로컴포넌트 0.4% 순이다.

로직 IC의 점유율은 2015년 7.0%에서 2021년 5.7%로 하락했다. 이는 대표 품목인 디스플레이 구동칩(DDI)과 AP가 디스플레이 출하량 감소와 국내기업의 AP를 탑재한 스마트폰 출하량 감소 등에 영향받은 것으로 보인다. 아날로그 IC의 점유율은 2015년 0.9%에서 2021년 1.3%로 소폭 상승하였으며, 마이크로컴포넌트의 점유율은 2015년 0.9%에서 2021년 0.4%로 하락했다.

가) 디스플레이 구동칩(Display Driver IC, DDI)

2022년 디스플레이 구동칩(DDI) 시장은 디스플레이 수요 감소 등으로 전년 대비 10% 역성장한 124억 달러 전망된다. DDI 시장은 지난 2년간 코로나19 특수로 TV 등의 수요가 증가하면서 2020년에 47%, 2021년에 75%로 성장했으나 2022년에 패널 수요 감소로 공급과잉으로 전환되었다.

LCD DDI 시장은 전년 대비 16% 축소된 반면, OLED DDI 시장은 전년 규모 유지로 DDI 시장의 40% 창출 전망된다. 팹리스는 수요 둔화로 2022년 2분기부터 웨이퍼 투입량을 낮추었으나 상반기에 투입된 웨이퍼가 하반기에 나오면서 DDI 재고자산 정점은 2022년 3분기가 될것으로 보인다.

2023년 디스플레이 구동칩 시장은 전년 대비 13% 역성장한 108.5억 달러로 2년 연속 역성장할 것으로 전망된다. DDI 수요는 OLED와 차량용 패널 수요 증가 등으로 전년 대비 3% 증가하나 DDI 가격은 공급과잉으로 하락세가 지속될 전망이다. 모바일용 DDI 생산능력은 전년 대비 9% 증가하나 수요는 4% 증가에 불과하여 2023년말까지 공급과잉이 지속되면서 소형 패널 OLED용 DDI 가격은 2022년 평균 5.3달러에서 2023년 평균 4.4달러로 16% 하락될 전망이다.

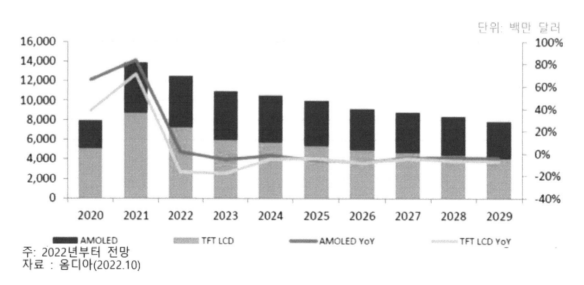

주: 2022년부터 전망
자료 : 옴디아(2022.10)

[그림 35] 디스플레이 구동칩 시장 전망

국내 주요 DDI 기업의 매출액은 OLED 패널 시장의 성장 등으로 2023년에도 성장하나 DDI 가격 하락 등으로 2023년 매출증가율은 둔화할 전망이다. 2023년 글로벌 디스플레이 시장은 전년 대비 1.7% 성장하나 OLED 시장은 전년 대비 8.7% 성장할 전망이며 한국이 OLED 패널 시장을 선도할 것이다.

국내 디스플레이 기업은 국내 DDI 기업 의존도가 높으나 주요 DDI기업의 재고 증가, R&D 투자 확대 등으로 수익성은 하락할 전망이다. LX세미콘의 2022년 3분기 재고자산은 4,483억원으로 전년 동기 대비 141% 증가하며 역대 최대치를 기록하였다.

나) 모바일 Application Processor(AP)

2022년 AP 시장은 스마트폰 출하량 감소 등에도 불구하고 5G폰 시장 확대 등으로 2021년 대비 11% 성장한 211억 달러로 추정된다. 이는 4G에서 5G로의 전환 등으로 AP의 평균 판매가격 상승이 큰 요인으로 보인다.

2023년 AP 시장은 저가 스마트폰 시장 확대, 경쟁심화 등으로 전년 대비 2% 역성장 한 207억 달러로 전망된다. 스마트폰 AP 시장은 퀄컴과 미디어텍이 선도하며 미디어텍은 중저가 시장 중심으로 사업을 영위, 애플은 자체 개발한 AP를 탑재하였다.

2021년 스마트폰 AP 시장점유율은 미디어텍 35%, 퀄컴 31%, 애플 16%, 삼성전자 8%, Unisoc 10%, 하이실리콘(화웨이의 자회사) 2% 순이다. 중국 스마트폰 기업이 미국의 화웨이 제재 이후 해외기업 의존도를 축소하고 자사 스마트폰에 최적화된 AP 개발을 추진하면서 2023년 경쟁은 더욱 심화될 것으로 보인다.
삼성전자의 스마트폰 AP 시장점유율은 2020년 11%에서 2021년 8%로 하락했으며 삼성 전자 시장점유율 확대는 쉽지 않을 전망이다. 삼성전자의 플래그십 스마트폰 갤럭시 S22는 자사와 퀄컴의 칩을 탑재했으나 자사 AP 성능 논란 등으로 갤럭시S23은 전량 퀄컴 제품 탑재할 전망이다.

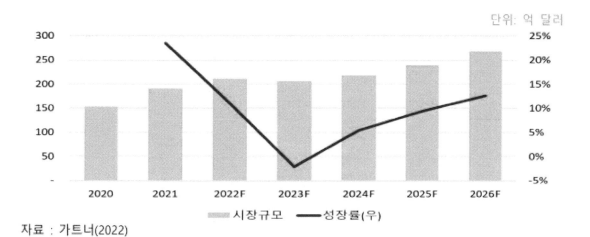

자료 : 가트너(2022)

[그림 36] AP 시장규모 전망

다) 이미지센서

2022년 이미지센서 시장은 스마트폰 수요 둔화, 휴대폰의 평균 카메라 탑재량 감소 등으로 전년 대비 7% 감소한 186억 달러로 13년만에 처음으로 역성장할 것으로 전망된다. 2021년 이미지센서의 수요처별 매출 비중은 모바일 63%, 보안과 컴퓨팅 각 9%, 자동차 8% 순이다.

스마트폰 출하량은 2021년 대비 약 10% 감소 전망, 스마트폰의 평균 카메라 수는 2021년 4.1개에서 2022년 2분기 3.9개로 감소하였다.

2023년 이미지센서 시장은 전년 대비 4% 성장한 193억 달러 전망되며, 스마트폰의 평균 카메라 수는 평균 카메라 탑재량이 상대적으로 적은 저가폰 출하량 증가 등으로 2023년에도 감소하나 고부가 이미지 센서 수요는 증가할 전망이다.

삼성전자는 중가폰 갤럭시A 시리즈에 4개의 카메라를 탑재했으나 2023년에 출시될 신모델에는 심도 카메라를 없애고 나머지 카메라 사양 강화 및 AI 알고리즘 사용을 추진하고 있다.

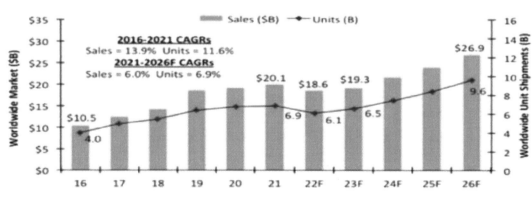

[그림 37] 이미지센서시장 전망

국내 기업으로 삼성전자, SK하이닉스 등이 동 사업을 영위하며 이미지센서 시장의 성장, 국내 기업의 경쟁력 제고 등으로 2023년에 국내 기업의 성장이 기대된다. 삼성전자의 이미지센서 매출은 비메모리반도체 매출의 약 20%로 추정되며 고부가 제품 개발과 수요처 다변화(자동차 등)에 집중할 전망이다.

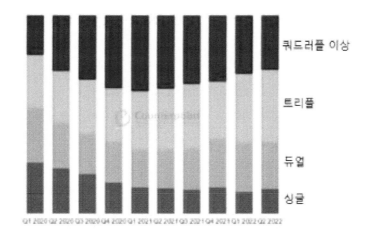

자료 : 카운터포인트(2022.9)

[그림 38] 스마트폰 카메라 탑재 수량 비중

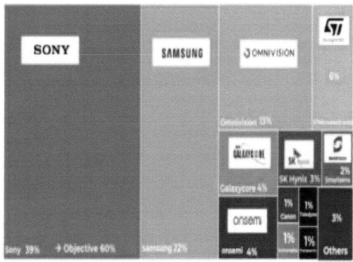

자료 : Yole(2022.9)

[그림 39] 2021년 이미지센서 시장점유율

4. 추천기업

4. 추천 기업

가. 삼성전자

[그림 41] 삼성전자 로고

1) 회사 소개

1969년에 설립된 삼성전자는 한국 및 CE, IM부문 해외 9개 지역총괄과 DS부문 해외 5개 지역총괄, Harman 등 237개의 종속기업으로 구성된 글로벌 전자기업이다. 주요 사업 부문에는 TV, 냉장고 등을 생산하는 CE부문과 스마트폰, 네트워크시스템, 컴퓨터 등을 생산하는 IM부문이 있으며 부품사업(DS부문)에서는 D램, 낸드 플래쉬, 모바일AP 등의 제품을 생산하는 반도체 사업과 TFT-LCD 및 OLED 디스플레이 패널을 생산하는 DP사업으로 구성되어 있다.

삼성전자는 업계 최초로 EUV 공정을 적용한 D램 모듈을 고객사들에 공급하고 있다. 또한 반도체 회로를 보다 세밀하게 구현할 수 있는 EUV 노광 기술을 적용해 D램의 성능과 수율을 향상시키는 등, 14나노 이하 D램 미세 공정 경쟁에서 확고한 우위를 확보해 나가고 있다.

이외에도 CE부문에서 '비스포크'가 큰 인기를 얻었고 최근에 '비스포크 제트 봇 AI' 출시 이후 국내 로봇청소기 시장에서 가파른 성장세를 이어가고 있다. 라이다 센서, 3D 센서, AI 사물인식 솔루션 등 최첨단 AI 기술을 대거 탑재하여 삼성전자 로봇청소기 중 최상위를 차지하고 있다.

2021년 현대제철과 반도체 제조공정에서 발생하는 폐수슬러지(침전물)를 제철 과정 부 원료로 재사용할 수 있는 신기술을 공동 개발하기도 했다. 이 기술개발로 폐수슬러지를 다양한 분야에서 재활용 할 수 있게 되었다. 최근에는 2021년도 반도체 웨이퍼 생산량 및 시장 점유율에서 세계 1위를 차지하는 성과를 거두었다.

삼성전자는 스마트폰 전용의 인공지능 반도체를 상용화하였으며, 뉴로모픽 반도체 선행 연구를 추진 중이다. 갤럭시S9 스마트폰에 탑재되는 ASIC 기술인 엑시노스 9810은 빠른 이미지 처리를 위해 뉴럴 프로세싱 엔진을 탑재했다.

또한, 삼성은 AI와 5세대(5G) 이동통신, 전장부품, 바이오 등 4개 신산업을 선정하여 2020년까지 25조원의 투자 계획을 발표하였으며, 이를 위해 실리콘밸리, 토론토 등 6곳에 글로벌 AI 연구 센터를 구축하여 기술 경쟁력 강화를 추진하고 있다. 그리고 삼성종합기술원 산하 두뇌컴퓨팅 연구실을 중심으로 뉴로모픽 반도체 개발을 추진하고 있으며, 최근 서울대학교·KAIST·UNIST과 함께 뉴로모픽 반도체 산학협력을 모색하고 있다.

삼성은 애플과 화웨이에 비해 인공지능 AP의 상용화가 늦었지만, 스마트폰 일체형 AI 반도체 상용화에 이어 뉴로모픽 AI 반도체 선행 연구를 추진하여 갤럭시 S10에 엑시노스 9820 프로세서를 개발한 이후, 최근에는 갤럭시 S21에 엑시노스 2100을 개발하여 탑재하였다.

ARM의 설계와 5㎚ 공정이 적용된 엑시노스는 이전보다 그래픽 성능은 40% 향상, 전력 소모는 20% 줄였으며, 1초에 26조번 연산이 가능하도록 AI 성능도 강화되었다. 이외에도 삼성전자는 대만의 TSMC에 이어 세계에서 2번째로 고성능·저전력을 구현하기 위한 5nm EUV 공정기술을 확보하여 시장을 확대하고 있다.

삼성전자는 2019년 4월에 메모리 반도체에서의 '글로벌 1위 DNA'를 바탕으로 AI센터를 신설하여 133조 원의 투자와 전문 인력 1만5000명의 고용을 통해 2030년까지 비메모리(시스템) 반도체 분야에서도 1위를 달성하는 '반도체비전 2030'을 발표했다.

2) 주식 정보

상장일	1969.01.13
시가총액	400조 5,724억
시가총액순위	코스피 1위
외국인 지분율	53.05%
액면가	100원
거래량	4,680,123주
최고 주가 (52주)	73,600

| 최저 주가 (52주) | 51,000 |

(2023. 08. 14 기준)

[표 6] 삼성전자 증권정보

가) 분기별 Financial Summary
(1) Key Ratio (단위: 억 원, 배, %)

	2020/12	2021/12	2022/12	2023/12(E)
EPS	3,841	5,777	8,057	1,504
PER	21.09	13.55	6.86	44.87
BPS	39,406	43,611	50,817	51,541
PBR	2.06	1.80	1.09	1.31
EV/EBITDA	6.63	4.89	3.23	7.11

[표 7] 삼성전자 Key Ratio

(2) 재무상태 요약 (단위: 억 원)

	2020/12	2021/12	2022/12	2023/12(E)
유동자산	737,985	735,534	590,626	-
자산총계	3,782,357	4,266,212	4,484,245	4,522,263
유동부채	444,129	530,673	460,860	-
부채총계	1,022,877	1,217,212	936,749	918,797
자본금	8,975	8,975	8,975	8,979
자본총계	2,759,480	3,048,999	3,547,496	3,603,466

[표 8] 삼성전자 재무상태 요약

(3) 손익 계산서 요약 (단위: 억 원)

	2020/12	2021/12	2022/12	2023/12(E)
당기순이익	264,078	399,074	556,541	108,649
매출액	2,368,070	2,796,048	3,022,314	2,605,312
영업이익	359,939	516,339	433,766	84,689
영업이익률	15.20	18.47	14.35	3.25
순이익률	11.15	14.27	18.41	4.17

[표 9] 삼성전자 손익 계산서 요약

(4) 현금 흐름표 요약 (단위: 억 원)

	2020/12	2021/12	2022/12	2023/12(E)
영업활동	652,870	651,054	621,813	515,992
투자활동	-536,286	-330,478	-316,028	-87,230
재무활동	-83,278	-239,910	-193,900	-87,230
CAPEX	375,920	471,221	494,304	519,440

[표 10] 삼성전자 현금 흐름표 요약

(5) 기타지표 (단위: 억 원, %)

	2020/12	2021/12	2022/12	2023/12(E)
ROE	9.98	13.92	17.07	2.94
ROA	7.23	9.92	12.72	2.41
자본유보율	30,693	33,144	38,144	-
부채비율	37.07	39.92	26.41	25.50

[표 11] 삼성전자 기타지표

나. SK텔레콤

1) 회사 소개

[그림 42] SK텔레콤 로고

1984년 KMTS라는 사명으로 설립된 SK텔레콤은 SK그룹의 계열사로, 세계 최초로 CDMA(2G) 서비스를 시작한 ICT 복합기업이다. 당사는 통신, 미디어, 보안, 커머스, 모빌리티 등 다양한 분야에서 사업을 영위하고 있으며, 특히 국내를 대표하는 통신 기업으로서 2013년 LTE-A 상용화, 2019년 5G 상용화 등 수많은 '세계 최초'의 수식 어를 보유하며 이동통신 산업의 발전을 선도하고 있다.

SK텔레콤은 미디어분야에서도 특화된 경쟁력을 보유하고 있다. 2018년에는 AI를 기 반으로하는 음악 플랫폼 '플로(FLO)'를 론칭했고, 2019년에는 한국형 통합 OTT 서비 스인 '웨이브(wavve)'를 출시하였다. 특히 '웨이브(wavve)'의 경우, '검은태양'과 '유 포리아', '원더우먼' 등 오리지널 및 독점 콘텐츠를 지속적으로 공개하며 유료가입자 의 유입이 꾸준히 증가하고 있다.

또한 2022년 SK텔레콤은 대화형 언어 모델 'A.(에이닷)'을 출시해 인공지능 서비스를 강화하고 있다. 에이닷은 학습형 AI로 대화를 통해 쌓인 데이터를 축적해 성장해나가 는 서비스이다. 현재 OTT 영상 추천, 노래 추천, 요금제 확인 등의 기능을 제공하고 있으며, 앞으로 개인의 취향을 반영한 'MY TV', 영어학습 등으로 영역을 확장할 예 정이다.

SK 텔레콤은 글로벌 기업과의 협업을 통해 데이터센터 및 엣지 디바이스 전용 인공 지능 반도체 공동연구를 추진하고 있다. 2018년 8월 16일 SK텔레콤은 미국의 자일링 스와 협업해 국내 대규모 데이터센터로는 처음으로 자사 데이터센터 인공지능 반도체 로 자일링스 FPGA를 채택하였으며, 인공지능 가속 솔루션을 개발해 AI 서비스 '누 구'에 적용했다.

2020년에 데이터센터용 AI 반도체 '사피온(SAPEON) X220'을 출시하며 AI 반도체 시장에 뛰어들었는데 사피온 X200은 기존 GPU 대비 딥러닝 연산 속도가 1.5배 빠르 고 데이터센터에 적용 시 데이터 처리 용량이 1.5배 증가하며, 가격도 절반 수준에 불과한 것이 장점이다.

2) 주식 정보

상장일	1984.03.29
시가총액	10조 3,070억
시가총액순위	코스피 35위
외국인 지분율	84.48%
액면가	100원
거래량	308,354주
최고 주가 (52주)	53,700	최저 주가 (52주)	43,300

(2023. 08. 16 기준)

[표 12] SK텔레콤 증권정보

가) 분기별 Financial Summary

(1) Key Ratio (단위: 억 원, 배, %)

	2020/12	2021/12	2022/12	2023/12(E)
EPS	3,726	6,841	4,169	4,991
PER	12.77	8.46	11.37	9.46
BPS	66,577	53,218	51,911	54,026
PBR	0.71	1.09	0.91	0.87
EV/EBITDA	5.32	4.01	3.68	3.39

[표 13] SK텔레콤 Key Ratio

(2) 재무상태 요약 (단위: 억 원)

	2020/12	2021/12	2022/12	2023/12(E)
유동자산	50,471	46,814	54,984	-
자산총계	479,070	309,113	313,083	314,225
유동부채	50,764	54,264	62,361	-
부채총계	235,107	185,761	191,531	187,597
자본금	446	305	305	293
자본총계	243,962	123,351	121,552	126,628

[표 14] SK텔레콤 재무상태 요약

(3) 손익 계산서 요약 (단위: 억 원)

	2020/12	2021/12	2022/12	2023/12(E)
당기순이익	15,005	24,190	9,478	11,447
매출액	160,877	167,486	173,050	175,822
영업이익	12,486	13,872	16,121	17,381
영업이익률	7.76	8.28	9.32	9.88
순이익률	9.33	14.44	5.48	6.51

[표 15] SK텔레콤 손익 계산서 요약

(4) 현금 흐름표 요약 (단위: 억 원)

	2020/12	2021/12	2022/12	2023/12(E)
영업활동	58,219	50,313	51,593	49,886
투자활동	-42,504	-34,862	-28,078	-32,834
재무활동	-14,576	-20,536	-13,499	-10,598
CAPEX	35,578	29,159	29,083	26,072

[표 16] SK텔레콤 현금 흐름표 요약

(5) 기타지표 (단위: 억 원, %)

	2020/12	2021/12	2022/12	2023/12(E)
ROE	6.44	13.63	7.97	9.46
ROA	3.22	6.14	3.05	3.65
자본유보율	58,016	79,390	79,476	-
부채비율	96.37	150.59	157.57	148.15

[표 17] SK텔레콤 기타지표

다. SK하이닉스

1) 회사 소개

[그림 43] SK하이닉스 로고

SK하이닉스는 메모리 반도체를 주력으로 설계·생산하는 종합반도체(IDM) 기업이다. 주된 매출처는 PC, 서버, 모바일 등 기존의 컴퓨팅 시스템에 탑재되는 DRAM이나 NAND 제품이다. AI 반도체와 직접 관련된 매출은 미미한 수준이나, 최근 인공지능 연산 부하가 급증하면서 SK하이닉스 같은 메모리 회사들에 대한 관심도가 급증했다. 이는 인공지능 연산에 최적화된 차세대 메모리에 대한 수요가 증가하고 있기 때문이며 차세대 메모리를 필요로 하는 이유는 현재 컴퓨터 시스템이 가진 구조적인 한계 때문이다.

2021년 DRAM과 NAND 매출 합산 기준으로 글로벌 2위에 위치하고 있으며, 글로벌 DRAM 생산량의 약 25%를, NAND 생산량의 약 17%를 차지하고 있다.

AI 반도체 관련된 SK하이닉스의 제품 중 대표적인 것은 'HBM(High Bandwidth Memory)'입니다. HBM은 이름 그대로 대역폭이 기존 메모리에 비해 훨씬 큰 것이 특징이다. HBM은 메모리 다이를 적층한 후, TSV(Through Silicon Via) 방식으로 구멍을 수직으로 뚫어 다이를 연결시켜 만든다. 수직으로 다이를 쌓기 때문에 메모리 집적도가 증가하고, 수많은 미세 전극을 통해 다이끼리 연결되기 때문에 대역폭에서 기존의 메모리보다 뛰어나다.

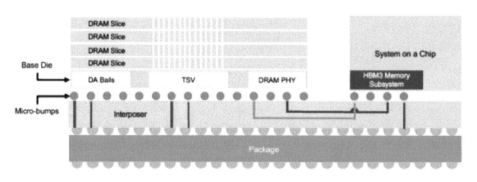

출처: SK증권

[그림 44] HBM 구조

AI연산 시 많은 데이터를 처리하기 위해 메모리와 AI가속기 코어 간의 통신량이 많아지면서 AI가속기에 HBM을 탑재해 연산 속도를 늘리려는 수요가 많아지고 있으며, 실제로 SK하이닉스의 최신 HBM인 HBM3 제품은 엔비디아의 최신 AI가속기인 H100에 탑재될 만큼 그 기술력을 인정받았다.

SK하이닉스가 AI 반도체 산업을 공략하는 전략은 '협업'을 통한 '차세대 메모리 활용'이다. SK하이닉스는 2022년 초 연산 기능을 갖춘 메모리 'PIM' 제품을 선보였고, 향후 SK텔레콤의 'SAPEON'과 협업해 AI반도체를 개발하겠다고 발표했다.

시스템 반도체 설계 역량을 보유한 SK하이닉스이지만, 엔비디아나 인텔, AMD처럼 설계를 전문으로 하는 팹리스와 직접 설계 경쟁에 나서는 것은 비효율적이기 때문이다. 따라서 SK하이닉스는 함께 AI반도체를 개발할 파트너로 같은 SK그룹에 속하는 SK텔레콤(현재 SK사피온은 SK텔레콤에서 독립)과 협업하고 있다.

2) 주식 정보

상장일	1949.10.15	
시가총액	84조 6,667억	
시가총액순위	코스피 3위	
외국인 지분율	52.51%	
액면가	5000원	
거래량	2,123,622주	
최고 주가 (52주)	129,000	최저 주가 (52주)	73,100

(2023. 08. 16 기준)

[표 18] SK하이닉스 증권정보

가) 분기별 Financial Summary
(1) Key Ratio (단위: 억 원, 배, %)

	2020/12	2021/12	2022/12	2023/12(E)
EPS	6,532	13,190	3,063	-10,753
PER	18.14	9.93	24.49	N/A
BPS	75,860	90,394	92,004	79,733
PBR	1.56	1.45	0.82	1.44
EV/EBITDA	6.37	4.59	3.48	21.48

[표 19] SK하이닉스 Key Ratio

(2) 재무상태 요약 (단위: 억 원)

	2020/12	2021/12	2022/12	2023/12(E)
유동자산	133,102	168,339	175,111	-
자산총계	711,739	963,465	1,038,715	1,015,093
유동부채	74,883	119,471	147,903	-
부채총계	192,648	341,555	405,810	466,260
자본금	36,577	36,577	36,577	36,579
자본총계	519,091	621,911	632,905	548,834

[표 20] SK하이닉스 재무상태 요약

(3) 손익 계산서 요약 (단위: 억 원)

	2020/12	2021/12	2022/12	2023/12(E)
당기순이익	47,589	96,162	22,417	-78,715
매출액	319,004	429,978	446,216	2,853,332
영업이익	50,126	124,103	68,094	-87,212
영업이익률	15.71	28.86	15.26	-30.56
순이익률	14.92	22.36	5.02	-27.59

[표 21] SK하이닉스 손익 계산서 요약

(4) 현금 흐름표 요약 (단위: 억 원)

	2020/12	2021/12	2022/12	2023/12(E)
영업활동	123,146	197,976	147,805	71,775
투자활동	-118,404	-223,923	-178,837	-90,201
재무활동	2,521	44,923	28,218	63,828
CAPEX	100,687	124,866	190,103	82,255

[표 22] SK하이닉스 현금 흐름표 요약

(5) 기타지표 (단위: 억 원, %)

	2020/12	2021/12	2022/12	2023/12(E)
ROE	9.53	16.84	3.55	-13.25
ROA	6.98	11.48	2.24	-7.66
자본유보율	1,398	1,644	1,668	-
부채비율	37.11	54.92	64.12	84.95

[표 23] SK하이닉스 기타지표

라. 현대자동차
1) 회사 소개

[그림 45] 현대자동차 로고

현대자동차는 2018년 7월 독일 인피니언에 100% 의존해 온 전기차용 전력반도체를 독자적으로 개발하기로 결정했으며 현대자동차는 SiC 기반 전력반도체 양산 준비를 위해 협력업체와 파운드리 계약을 맺었다. 판매가 급격히 증가하고 있는 전기자동차의 차세대 시장 주도권 확보를 위해서는 자체적인 전력반도체 기술 확보가 시급하기 때문에 도요타 모델을 참고하여 자체 개발하는 것이다.

2023년 3월 현대자동차가 미국 반도체 스타트업 노미스파워(NoMIS Power)와 손잡고 고전압 전력 장치용 차세대 전력 반도체 개발에 나섰다. 전기차 성능과 품질 개선으로 이어질 전망이다.

노미스 파워는 미국 뉴욕 알바니에 본사를 둔 반도체 스타트업이다. 지난 2020년 뉴욕주립대 폴리테크닉 대학교(SUNY Polytechnic Institute·SUNY Poly)에서 분사했다. 현대차는 차세대 전력반도체소자를 토대로 개선된 전력 밀도와 효율성을 갖춘 전기차를 개발하겠다는 계획이다. 무엇보다 전기차 핵심 구동장치인 모터 개선에 집중한다. 노미스파워는 재료, 장치 설계, 제조, 패키징 등 전력반도체소자 관련 분야에 대한 연구개발(R&D)을 통해 현대차의 계획 실현을 도울 방침이다.[29]

---

29) 현대차, 美 노미스파워와 손잡고 고전압 전력 반도체 장치 설계·개발/더구루

2) 주식 정보

상장일	1967.12.29	
시가총액	38조 9,006억	
시가총액순위	코스피 9위	
외국인 지분율	33.01%	
액면가	5000원	
거래량	254,896주	
최고 주가 (52주)	211,500	최저 주가 (52주) 150,500

(2023. 08. 17 기준)

[표 24] 현대자동차 증권정보

가) 분기별 Financial Summary

(1) Key Ratio (단위: 억 원, 배, %)

	2020/12	2021/12	2022/12	2023/12(E)
EPS	5,144	17,846	26,592	43,012
PER	37.33	11.71	5.68	4.32
BPS	266,968	289,609	315,142	351,276
PBR	0.72	0.72	0.48	0.53
EV/EBITDA	16.57	11.37	7.96	6.39

[표 25] 현대자동차 Key Ratio

(2) 재무상태 요약 (단위: 억 원)

	2020/12	2021/12	2022/12	2023/12(E)
유동자산	246,121	233,304	238,193	-
자산총계	2,093,442	2,339,464	2,557,425	2,696,270
유동부채	177,094	200,437	214,435	-
부채총계	1,330,032	1,513,306	1,648,459	1,684,630
자본금	14,890	14,890	14,890	14,847
자본총계	763,410	826,158	908,965	1,011,639

[표 26] 현대자동차 재무상태 요약

(3) 손익 계산서 요약 (단위: 억 원)

	2020/12	2021/12	2022/12	2023/12(E)
당기순이익	19,246	56,931	79,836	125,254
매출액	1,039,976	1,176,106	1,425,275	1,598,305
영업이익	23,947	66,789	98,198	145,970
영업이익률	2.30	5.68	6.89	9.13
순이익률	1.85	4.84	5.60	7.84

[표 27] 현대자동차 손익 계산서 요약

(4) 현금 흐름표 요약 (단위: 억 원)

	2020/12	2021/12	2022/12	2023/12(E)
영업활동	-4,098	-11,764	106,273	144,040
투자활동	-93,376	-51,826	-12,035	-79,537
재무활동	113,525	87,923	-13,245	-14,686
CAPEX	46,878	43,043	40,150	54,170

[표 28] 현대자동차 현금 흐름표 요약

(5) 기타지표 (단위: 억 원, %)

	2020/12	2021/12	2022/12	2023/12(E)
ROE	2.04	6.84	9.36	13.54
ROA	0.95	2.57	3.26	4.77
자본유보율	4,909	5,187	5,654	-
부채비율	174.22	183.17	181.36	166.52

[표 29] 현대자동차 기타지표

마. LG전자

1) 회사 소개

[그림 46] LG전자 로고

LG전자는 헤드램프기업인 ZKW를 인수하면서 사실상, 타이어와 샤시를 제외한 모든 전장부품 생산능력을 갖추는 등 빠르게 투자가 이루어지고 있지만, 실질적으로 국내 전장분야 반도체매출의 대부분은 '만도'와 '현대모비스'가 액츄레이터 분야에서 차지하고 있는 것으로 나타났다.

LG전자는 자사의 배터리 경쟁력과 실리콘웍스를 기반으로 EV 및 ESS용 전력용 반도체와 배터리관리시스템(BMS)분야 그리고 센서, 조명 반도체에 집중하고 있다.

또한 LG전자는 2013년부터 자동차부품(VC)사업본부를 신설해 AVN 등 자동차용 인포테인먼트 제품과 전기차 구동부품, 자율주행부품 등을 생산하고 있다. 다양한 분야에서 약진이 눈에 띄는데, 특히 텔레매틱스와 AVN 분야는 글로벌 최고 수준의 경쟁력을 보유했다고 평가 받는다.

LG전자는 2021년 5일 독일 시험·인증 전문기관 TUV 라인란드로부터 'ISO 26262' 인증을 받아 마이크로컨트롤러(MCU), 전력관리반도체(PMIC), 전자제어장치(ECU) 등 차량용 반도체 개발 프로세스를 구축했다고 밝혔다.

ISO 26262는 ISO(국제표준화기구)가 차량에 탑재되는 전기·전자 장치의 시스템 오류로 인한 사고를 방지하기 위해 제정한 자동차 기능안전 국제표준규격이다. LG전자는 ISO 26262의 자동차 기능안전성 등급 중에서 최고 수준인 ASIL(자동차안전무결성수준) D등급을 받았다.

LG전자는 그간 자동차 인포테인먼트와 ADAS(첨단운전자지원시스템) 카메라용 반도체를 완성차 업체에 공급해 왔다. 또 LG전자는 냉장고, TV 등 가전제품용 MCU를 자체적으로 개발해 온 경험이 있다. 이는 차량용 반도체 시장 진출에 앞서 고객사 확보와 제품 개발에 발판이 될 것으로 보인다.[30]

---

30) 車 반도체 개발 나선 LG전자...전장사업 시너지 모색/지디넷코리아

2) 주식 정보

상장일	2002.04.01	
시가총액	16조 1,684억	
시가총액순위	코스피 20위	
외국인 지분율	29.08%	
액면가	5,000원	
거래량	160,118주	
최고 주가 (52주)	132,400	최저 주가 (52주)	77,200

(2023. 08. 18 기준)

[표 30] LG전자 증권정보

가) 분기별 Financial Summary
(1) Key Ratio (단위: 억 원, 배, %)

	2020/12	2021/12	2022/12	2023/12(E)
EPS	10,885	5,705	6,616	9,079
PER	12.40	24.19	13.07	11.00
BPS	85,732	95,691	105,473	114,980
PBR	1.57	1.44	0.82	0.87
EV/EBITDA	4.36	4.18	3.14	3.10

[표 31] LG전자 Key Ratio

(2) 재무상태 요약 (단위: 억 원)

	2020/12	2021/12	2022/12	2023/12(E)
유동자산	96,697	106,132	91,196	-
자산총계	482,042	534,815	554,561	582,413
유동부채	121,013	136,578	120,605	-
부채총계	306,621	333,834	326,641	337,094
자본금	9,042	9,042	9,042	9,040
자본총계	175,421	200,980	224,920	245,320

[표 32] LG전자 재무상태 요약

(3) 손익 계산서 요약 (단위: 억 원)

	2020/12	2021/12	2022/12	2023/12(E)
당기순이익	20,638	14,150	18,631	207,039
매출액	580,579	739,080	834,673	841,539
영업이익	39,051	40,580	35,510	39,339
영업이익률	6.73	5.49	4.25	4.67
순이익률	3.55	1.92	2.23	2.45

[표 33] LG전자 손익 계산서 요약

(4) 현금 흐름표 요약 (단위: 억 원)

	2020/12	2021/12	2022/12	2023/12(E)
영업활동	46,286	26,774	31,078	54,730
투자활동	-23,145	-24,655	-32,275	-40,004
재무활동	-9,939	-2,823	4,483	-1,317
CAPEX	22,819	26,481	31,168	32,514

[표 34] LG전자 현금 흐름표 요약

(5) 기타지표 (단위: 억 원, %)

	2020/12	2021/12	2022/12	2023/12(E)
ROE	13.23	6.32	6.61	8.27
ROA	4.44	2.78	3.43	3.63
자본유보율	1,833	1,933	2,088	-
부채비율	174.79	1,661.10	145.23	137.41

[표 35] LG전자 기타지표

바. HL만도

1) 회사 소개

HL Mando

[그림 47] HL만도 로고

만도는 자율주행 시스템인 첨단운전자시스템(ADAS) 부문에서 선두업체로 꼽힌다. 일찌감치 글로벌 자동화 산업의 변화에 따라 전동화 전략에 힘을 주고 있다. 제네럴모터스(GM) 전기차 전용 플랫폼 BEV3를 수주했고 첨단운전자시스템(ADAS) 신규 수주로 현대차, 기아의 북미 물량을 확보했다. 올해엔 테슬라 등 북미 전기차 업체의 지속적인 성장으로 인한 실적 향상이 예상된다. 폭스바겐 서스펜션 신규 수주도 기대된다.

미래 모빌리티 전환도 추진하고 있다. 만도는 ADAS 제품 개발과 전기차 샤시 솔루션 개발 등을 바탕으로 2024년 8조7000억원의 매출을 올릴 계획이다. 전장제품 매출 비중은 2021년 61%에서 2024년 68%, 친환경차 매출 비중은 2021년 20%에서 2024년 36%로 확대한다는 목표를 갖고 있다.

자율주행전문기업인 HL클레무브에 총 870억원을 투자한다. 북미와 중국에선 공장을 건설·증설하고 국내에서는 송도 ADAS 생산라인과 전장 제품 설비 증설에 나선다. HL클레무브는 2021년 12월 만도모빌리티솔루션즈와 만도헬라일렉트로닉스의 합병으로 출범했다. 2000건 이상 자율주행 기술 특허를 확보하고 있다. 매출을 올해 1조2000억원에서 2026년 2조4000억원, 2030년 4조원으로 늘려나갈 계획이다.[31]

운전자용 편의시스템(ACC)를 제조하는 업체로는 (주)만도, 현대모비스(주), 이래오토모티브시스템(주), 에스엘(주), ㈜피엘케이테크놀로, 이미지넥스트, 엠씨넥스, 캠시스, 아이에스테크놀로지(주)가 있다.

하지만, 주요핵심 반도체 기술은 인텔(모빌아이), 보쉬, 컨티넨탈, 덴소에 의지하고 있으며, 카메라 ISP 분야에서는 이미지넥스트, 엠씨넥스 등 대량생산 납품이 이루어지고 있지만, 인식기능이 점차 요구되고 있다.

---

31) 만도 조성현號, 올해 전동화 전략 '박차'/대한경제

2) 주식 정보

상장일	2014.09.02	
시가총액	1조 9,722억	
시가총액순위	코스피 141위	
외국인 지분율	25.24%	
액면가	1,000원	
거래량	70,146주	
최고 주가 (52주)	55,800	최저 주가 (52주)	40,200

(2023. 08. 21 기준)

[표 36] HL만도 증권정보

가) 분기별 Financial Summary
(1) Key Ratio (단위: 억 원, 배, %)

	2020/12	2021/12	2022/12	2023/12(E)
EPS	123	3,559	2,093	4,725
PER	476.93	17.81	19.25	8.95
BPS	349.70	416.72	459.98	495.93
PBR	1.68	1.52	0.88	0.85
EV/EBITDA	9.91	7.66	5.78	4.95

[표 37] HL만도 Key Ratio

(2) 재무상태 요약 (단위: 억 원)

	2020/12	2021/12	2022/12	2023/12(E)
유동자산	10,746	9,921	8,087	-
자산총계	49,383	57,044	58,458	63,379
유동부채	10,968	9,941	7,379	-
부채총계	32,288	36,601	35,721	38,508
자본금	470	470	470	470
자본총계	17,096	20,443	22,737	24,871

[표 38] HL만도 재무상태 요약

(3) 손익 계산서 요약 (단위: 억 원)

	2020/12	2021/12	2022/12	2023/12(E)
당기순이익	139	1,786	1,183	2,381
매출액	55,635	61,474	75,162	84,960
영업이익	887	2,323	2,481	3,407
영업이익률	1.59	3.78	3.30	4.01
순이익률	0.25	2.91	1.57	2.80

[표 39] HL만도 손익 계산서 요약

(4) 현금 흐름표 요약 (단위: 억 원)

	2020/12	2021/12	2022/12	2023/12(E)
영업활동	4,300	4,127	-133	5,529
투자활동	-1,444	-3,766	-1,374	-4,013
재무활동	714	2,290	-2,448	88
CAPEX	1,776	2,073	3,123	3,541

[표 40] HL만도 현금 흐름표 요약

(5) 기타지표 (단위: 억 원, %)

	2020/12	2021/12	2022/12	2023/12(E)
ROE	0.37	9.31	4.78	9.90
ROA	0.29	3.36	2.05	3.91
자본유보율	2,820	3,234	3,590	-
부채비율	189	179	157	155

[표 41] HL만도 기타지표

사. 광전자

1) 회사 소개

[그림 48] 광전자 로고

 광전자는 1984년 코리아테크노로 설립되어, 1996년 현재 사명으로 상호를 변경했다. 광전자는 일본 반도체 기업 고덴시의 계열사로, 발광다이오드, 트랜지스터, 리튬/태양광전지 등의 전력장치와 포토센서 등의 광센서 제품을 생산하고 있다.

 당사는 뛰어난 기술력을 인정받아, 2021년 당초절전 LED 융합 기술 개발 기관으로 선정됐다. 연구는 2022년 말까지 36억원의 지원 받아 지속될 예정이며, 10M 이상 근거리 안전감지가 가능한 소형모빌리티기기용 근적외선 마이크로 LED집적모듈시스템 기술 개발에 집중하고 있다.

 광전자는 2017년 11월 전기연구원·광운대·아이언디바이스 등과 산·학·연 컨소시엄을 구성하여 산업통상자원부 소재부품 미래성장동력사업에 참여하여 SiC MOSFET 소자 개발에 착수했다.

 광전자는 SiC 소자를 개발하고 있고 6인치 팹을 기반으로 전기차 및 신재생 에너지용 트랜치 SiC상용화를 추진하고 있다.

2) 주식 정보

상장일	1984.07.31	
시가총액	1,396억	
시가총액순위	코스피 744위	
외국인 지분율	22.45%	
액면가	500원	
거래량	110,976주	
최고 주가 (52주)	3,920	최저 주가 (52주)

(위 표의 마지막 행은 최저 주가(52주) 1,965 포함)

(2023. 08 21 기준)

[표 42] 광전자 증권정보

가) 분기별 Financial Summary
(1) Key Ratio (단위: 억 원, 배, %)

	2020/12	2021/12	2022/12
EPS	-274	191	239
PER	N/A	17.10	9.15
BPS	3,966	4,165	4,514
PBR	0.59	0.78	0.48
EV/EBITDA	45.22	8.58	4.37

[표 43] 광전자 Key Ratio

(2) 재무상태 요약 (단위: 억 원)

	2020/12	2021/12	2022/12
유동자산	1,112	1,184	1,243
자산총계	2,434	2,390	2,479
유동부채	169	209	195
부채총계	421	283	202
자본금	290	290	290
자본총계	2,013	2,107	2,276

[표 44] 광전자 재무상태 요약

(3) 손익 계산서 요약 (단위: 억 원)

	2020/12	2021/12	2022/12
당기순이익	-163	105	131
매출액	1,502	1,738	1,522
영업이익	-78	69	58
영업이익률	-5.22	3.98	3.84
순이익률	-10.88	6.02	8.63

[표 45] 광전자 손익 계산서 요약

(4) 현금 흐름표 요약 (단위: 억 원)

	2020/12	2021/12	2022/12
영업활동	52	-13	175
투자활동	68	-44	-140
재무활동	-51	-8	-28
CAPEX	33	49	40

[표 46] 광전자 현금 흐름표 요약

(5) 기타지표 (단위: 억 원, %)

	2020/12	2021/12	2022/12
ROE	-7.56	5.39	6.33
ROA	-6.49	4.34	5.40
자본유보율	616.60	656.56	705.17
부채비율	20.92	13.41	8.89

[표 47] 광전자 기타지표

아. 텔레칩스

1) 회사 소개

Telechips

[그림 49] 텔레칩스 로고

텔레칩스는 차량용 인포테인먼트(IVI)를 지원하는 애플리케이션 프로세서(AP)를 전문으로 개발하는 반도체 팹리스 기업이다. IVI란 차 안에서 즐길 수 있는 엔터테인먼트와 정보 시스템을 말한다. 주요 제품은 멀티미디어칩, 모바일 TV 수신칩, 커넥티비티(Connectivity) 모듈 등이다.

텔레칩스는 반도체를 설계하는 회사로 제품의 생산은 삼성전자의 파운드리에 맡기고 있다. 판매는 반도체 제조 공정을 감안해 2~3개월 전에 주문을 받아 삼성전자의 파운드리에서 생산을 진행한 후 직접 판매하는 방식이다.

텔레칩스는 국산화율이 0%였던 IVI 반도체 시장에 진출해 2007년 4월 국내 완성차 업체의 IVI 제품에 오디오 프로세서를 공급했다. 이후 지속적으로 적용 모델을 확대하며 성장성을 확보하고 있다.

텔레칩스는 코로나19가 유행했던 2020년, 자동차 시장의 위축으로 인해 85억원의 영업손실을 기록했다. 이에 텔레칩스는 자동차와 컨슈머 부분으로 운영하던 사업 구조에서 자동차 중심으로 사업 역량을 집중했다.

시장조사업체 IHS에 따르면 차량용 AVN(오디오·비디오·네비게이션), 디지털 클러스터, D-Audio 등 시장 규모는 2019년부터 2025년까지 연평균성장률(CAGR) 5.6%로 지속 성장할 것으로 전망된다

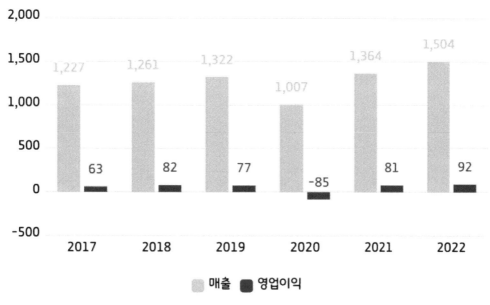

텔레칩스 실적 추이

*자료=금융감독원 전자공시시스템
*단위=억원

[그림 50] 텔레칩스 실적 추이

텔레칩스는 2022년 연결기준 연간 매출 1504억원, 영업이익 92억원으로 역대 최대 실적을 기록했다. 각각 전년 대비 10.3%, 13.7% 늘어난 규모다. 같은 기간 당기순이익은 459억원으로 552.8% 급증했다. 텔레칩스는 국내 및 해외 고객사의 자동차 인포테인먼트향 AP 제품의 매출 증가와 함께 칩스앤미디어 보유 지분의 매각 효과가 반영됐다고 설명했다.

유진투자증권에 따르면 텔레칩스의 실적은 지능형 자동차 부분의 매출이 전년 대비 15.8% 증가하며 성장을 견인했다. "국내외 고객사의 자동차 인포테인먼트 수요가 증가하면서 AVN 관련 DMP(Digital Media Processor) 매출이 19.6% 증가했다며 작년 대비 영업이익률도 5.9%에서 6.1%로 늘어나는 등 소폭 증가했다"고 설명했다.

텔레칩스는 2022년 4월 칩스앤미디어의 지분 26.5%(583억원)를 한국투자파트너스에 매각한다고 밝혔다. 지분매각 차익은 511억원으로, 해당 부분이 일시적인 영업외수익으로 반영되며 순이익이 크게 늘었다. 같은해 5월 LX세미콘이 제3자 배정 유상증자를 통해 텔레칩스의 지분 10.93%(277억원)에 취득하며 2대주주에 올라섰다.

텔레칩스는 확보한 자금으로 신규 연구개발(R&D)에 투자중이다. 현재 텔레칩스는 AI(인공지능) 기반 차세대 지능형 반도체, 통신 칩 등을 개발하며 사업 포트폴리오를 확장하고 있다. 텔레칩스의 2022년 3분기 누적 기준 전체 매출에서 연구개발비용이 차지하는 비중은 46.1%다. 전년 동기(39.0%)보다 7.1%P 늘었다.

또 지난 1월 대구시와 투자협약을 맺고 수성 알파시티내 부지 1039㎡에 337억 원을 투자해 대구연구소를 건립할 계획이다. 연구소 준공은 2025년 8월 예정이며, 준공 이전까지는 대구테크노파트 내에 임시연구소를 설치해 올해 3월부터 운영한다.[32]

---

32) 토종 팹리스 기업 텔레칩스, 차량용 반도체 타고 '훨훨'/블로터

2) 주식 정보

상장일	1999.10.29	
시가총액	2,874억	
시가총액순위	코스닥 294위	
외국인 지분율	7.06%	
액면가	500원	
거래량	178,160주	
최고 주가 (52주)	25,000	최저 주가 (52주)	10,550

(2023. 08 21 기준)

[표 48] 텔레칩스 증권정보

가) 분기별 Financial Summary
(1) Key Ratio (단위: 억 원, 배, %)

	2020/12	2021/12	2022/12	2023/12(E)
EPS	-697	521	3,349	1,739
PER	-18.65	33.42	3.30	10.85
BPS	7,358	8,453	12,418	13,022
PBR	1.77	2.06	0.89	1.45
EV/EBITDA	364.05	12.92	7.87	8.38

[표 49] 텔레칩스 Key Ratio

(2) 재무상태 요약 (단위: 억 원)

	2020/12	2021/12	2022/12	2023/12(E)
유동자산	852	883	1,183	-
자산총계	1,660	2,073	3,102	3,341
유동부채	310	418	1,019	-
부채총계	736	1,010	1,405	1,412
자본금	68	68	69	69
자본총계	924	1,063	1,697	1,929

[표 50] 텔레칩스 재무상태 요약

(3) 손익 계산서 요약 (단위: 억 원)

	2020/12	2021/12	2022/12	2023/12(E)
당기순이익	-97	70	459	254
매출액	1,007	1,364	1,504	1,864
영업이익	-85	81	92	168
영업이익률	-8.41	5.92	6.10	9.03
순이익률	-9.35	5.16	30.52	13.65

[표 51] 텔레칩스 손익 계산서 요약

(4) 현금 흐름표 요약 (단위: 억 원)

	2020/12	2021/12	2022/12	2023/12(E)
영업활동	-154	1,270	-73	503
투자활동	-237	-258	-634	-320
재무활동	337	275	630	-35
CAPEX	65	178	520	109

[표 52] 텔레칩스 현금 흐름표 요약

(5) 기타지표 (단위: 억 원, %)

	2020/12	2021/12	2022/12	2023/12(E)
ROE	-9.63	7.08	33.27	13.94
ROA	-5.85	3.77	17.74	7.90
자본유보율	1,361	1,565	2,373	-
부채비율	79.60	95.02	82.81	73.17

[표 53] 텔레칩스 기타지표

자. 아이에이

1) 회사 소개

[그림 51] 아이에이 로고

1993년 설립된 아이에이는 멀티미디어 칩 전문업체로 시작했다. DMB(디지털미디어방송) 칩 등을 생산했었다. 2010년 김동진 대표이사 회장 취임 이후 차량용 전력반도체 사업으로 방향키를 돌렸다. 김 회장은 현대차와 현대모비스 대표이사 부회장을 지냈다. 현재 김 회장은 이용준 부사장, 레이먼 김 부사장과 공동 대표를 맡고 있다.

아이에이는 트리노테크놀로지, 오토소프트 등 계열사도 보유 중이다. 2016년에는 차량용 반도체·모듈과 관련해 우수한 기술력을 인정받아 처음 이노비즈(기술혁신형 중소기업)인증을 획득했다. 2019년에는 산업부 국책과제를 통해 SiC(실리콘 카바이드) 전력반도체 국산화에도 성공했다. 회사는 이를 양산하기 위한 기술 개발 및 자체 생산 환경 구축을 준비 중이다.

SiC 전력반도체는 고온과 고전압의 극한 환경에서 98% 이상의 전력 변환 효율을 유지하는 등 내구성이 특징이다. 또 안전성과 범용성을 두루 갖춰 기존 실리콘 전력반도체 시장을 대체하는 차세대 제품으로 수요가 급증하고 있다. 아이에이는 2022년 1월 산업통상자원부 '소재부품장비 으뜸기업'으로 선정되기도 했다.

이 회사는 절연게이트 양극형 트랜지스터(IGBT) 기반 전력반도체 분야에도 힘을 쏟고 있다. IGBT는 차세대 전력반도체로 불리는 제품이다. 기존 트랜지스터는 가격이 저렴한 대신 회로 구성이 복잡하고 동작 속도가 느리다. 금속 산화막 반도체 전계효과 트랜지스터(MOSFET)는 저전력이고 속도가 빠른 대신 가격이 비싸다. 이 두 가지 트랜지스터의 장점을 결합한 것이 IGBT다. 가전·산업용 전력제품부터 최근 고사양화 되고 있는 전기차 전력제어까지 범용성을 자랑한다. 아이에이는 IGBT 전력반도체 부문에서 세계 10위를 기록 중이다.

아이에이의 2021년 매출은 전년 584억원 대비 39% 증가한 812억원을 기록했다. 영업이익도 67억원으로 52% 증가했다. 회사는 매출 대비 4% 이상을 연구개발(R&D)에 매년 투자 중이다. 또 전체 인력의 약 15%를 R&D 인력으로 구성하고 있다.

　아이에이는 차량용 반도체는 향후 300조원 이상의 거대 시장으로 성장할 것이라며 계열사와 함께 반도체 설계부터 생산까지 가능한 시스템을 구축함으로써 시너지를 극대화하고 글로벌 경쟁력 확보에 나서겠다고 강조했다.[33]

---

33) [르포] 국내 중소기업 유일 차량 전력반도체 생산기업 '아이에이' 가보니/아주경제

2) 주식 정보

상장일	1993.08.05	
시가총액	1,539억	
시가총액순위	코스닥 517위	
외국인 지분율	1.63%	
액면가	100원	
거래량	111,158주	
최고 주가 (52주)	814	
최저 주가 (52주)	501	

(2023. 08 21 기준)

[표 54] 아이에이 증권정보

가) 분기별 Financial Summary
(1) Key Ratio (단위: 억 원, 배, %)

	2020/12	2021/12	2022/12
EPS	50	8	-9
PER	18.61	125.24	N/A
BPS	322	346	334
PBR	2.91	3.02	1.82
EV/EBITDA	42.47	31.90	-164.53

[표 55] 아이에이 Key Ratio

(2) 재무상태 요약 (단위: 억 원)

	2020/12	2021/12	2022/12
유동자산	234	387	264
자산총계	1,430	1,643	1,656
유동부채	245	182	173
부채총계	447	480	533
자본금	286	295	295
자본총계	983	1,163	1,123

[표 56] 아이에이 재무상태 요약

(3) 손익 계산서 요약 (단위: 억 원)

	2020/12	2021/12	2022/12
당기순이익	131	92	-11
매출액	584	812	742
영업이익	44	67	-25
영업이익률	7.45	8.25	-3.42
순이익률	22.40	11.32	-1.42

[표 57] 아이에이 손익 계산서 요약

(4) 현금 흐름표 요약 (단위: 억 원)

	2020/12	2021/12	2022/12
영업활동	96	73	-64
투자활동	-19	-3	-29
재무활동	-24	83	20
CAPEX	2	4	52

[표 58] 아이에이 현금 흐름표 요약

(5) 기타지표 (단위: 억 원, %)

	2020/12	2021/12	2022/12
ROE	17.35	2.52	-2.66
ROA	10.38	5.98	-0.54
자본유보율	201.06	218.99	194.22
부채비율	45.45	41.28	47.47

[표 59] 아이에이 기타지표

5. 참고자료

5. 참고자료

1) 조영임, 홍릉과학 출판사, 2012
2) ECOsight, ETRI, 2015
3) Mitratech, 2016
4) 훤히 보이는 스마트TV, 2012. 12. 31., 한국전자통신연구원(ETRI), 전자신문사
5) 도지마와코, 조성구 옮김, 『로봇시대』, 사이언스북스, 2001, 34쪽.
6) 도지마와코, 조성구 옮김, 『로봇시대』, 사이언스북스, 2001, 204쪽.
7) 데이코 산업 연구소
8) 정보통신기술진흥센터
9) 정보통신기술진흥센터
10) 자료원 : 중국과학기술일보 등 현지언론 종합

초판 1쇄 인쇄 2023년 9월 10일
초판 1쇄 발행 2023년 9월 26일

저자 비티타임즈 편집부
펴낸곳 비티타임즈
발행자번호 959406
주소 전북 전주시 서신동 780-2 3층
대표전화 063 277 3557
팩스 063 277 3558
이메일 bpj3558@naver.com
ISBN 979-11-6345-474-8(13320)

이 도서의 국립중앙도서관 출판예정도서목록(CIP)은 서지정보유통지원시스템홈페이지
(http://seoji.nl.go.kr)와국가자료공동목록시스템 (http://www.nl.go.kr/kolisnet)에서 이용하
실 수 있습니다.